伝記を読もう

極《きょく》限《げん》に挑《いど》んだ冒《ぼう》険《けん》家《か》

植《うえ》村《むら》直《なお》己《み》

滝田誠一郎・文

もくじ

はじめに

モン・ブラン四八一〇メートル、キリマンジャロ五八九五メートル、アコンカグア六九六〇メートル、エベレスト八八四八メートル、マッキンリー六一九四メートル――植村直己《うえむらなおみ》は、一九六六（昭和四一）年から一九七〇（昭和四五）年までの五年間で、これらの山すべてに登頂《とうちょう》した世界初《せかいはつ》の登山家です。エベレスト以外《いがい》はすべてたったひとりきりの単独《たんどく》登頂《とうちょう》です。

南米の大河《たいが》アマゾン六〇〇〇キロを六〇日かけてイカダで下り、犬ゾリを駆《か》って北極圏《ほっきょくけん》一万二〇〇〇キロを単独走破《たんどくそうは》し、北極点《ほっきょくてん》に到達《とうたつ》し、グリーンランド縦断《じゅうだん》を成《な》しとげた冒険家《ぼうけんか》でもあります。

一九七九（昭和五四）年にはイギリスから、世界でもっとも勇敢《ゆうかん》なスポーツマンに贈《おく》られるバーラー・イン・スポーツ賞《しょう》を受けています。

日本はもちろん、世界的《せかいてき》にも名の知られた登山家であり冒険家《ぼうけんか》である植村直己《うえむらなおみ》が、北米大陸《たいりく》の最高峰《さいこうほう》マッキンリー冬期単独登頂《たんどくとうちょう》に成功《せいこう》したのは一九八四年二月一二日のこと。翌《よく》一三日の交信《こうしん》を最後《さいご》に植村直己《うえむらなおみ》は消息を絶《た》ちます。享年《きょうねん》四三歳《さい》。あまりにも若《わか》すぎる死でした。

植村直己《うえむらなおみ》とはどんな人だったのか、その生き方を見ていきましょう。


なお、二〇一五（平成《へいせい》二七）年に、アメリカ合衆国《がっしゅうこく》は、マッキンリーという山の名前を、先住民《せんじゅうみん》が呼《よ》んでいたようにデナリと改《あらた》めることを発表しましたが、この本では植村直己《うえむらなおみ》が登った当時と同じように、マッキンリーとしています。また、山の高さも現在《げんざい》は約《やく》六一九一メートルとされていますが、当時の高さ六一九四メートルで表します。

一　国民栄誉賞《こくみんえいよしょう》を受賞《じゅしょう》した世界的冒険家《せかいてきぼうけんか》

一九八四（昭和五九）年二月一二日午後六時五〇分。四三歳《さい》の誕生日《たんじょうび》をむかえたこの日、冒険家《ぼうけんか》・植村直己《うえむらなおみ》は北アメリカ大陸《たいりく》でもっとも高いマッキンリー（標高《ひょうこう》六一九四メートル）の頂上《ちょうじょう》に立っていました。北極《ほっきょく》圏《けん》の冷気《れいき》がそのままおりてくるマッキンリーの山頂《さんちょう》は、ときにマイナス五〇度にもなり、強風が吹《ふ》きあれる雪と氷の世界です。

マイナス五〇度の白銀の世界——どのような世界か想像《そうぞう》できますか？　バナナはマイナス一〇度～二〇度でかたく凍《こお》りかたまり、カナヅチのように板にクギを打ちつけることだってできます。マイナス二一度～四〇度ではぬれたタオルをふり回すと一瞬《いっしゅん》にしてカチカチに凍《こお》ってしまいます。ナイアガラの滝《たき》も気温がここまで下がると凍《こお》りつきます。マイナス四〇度以下《いか》では沸騰《ふっとう》したお湯でさえあっという間に凍《こお》ってしまいます。沸騰《ふっとう》したお湯を水鉄砲《みずでっぽう》で発射《はっしゃ》すると、まるで吹雪《ふぶき》のように雪がふき出します。

マイナス五〇度以下《いか》になると、はき出した息が凍《こお》って小さな小さな氷《こおり》の結晶《けっしょう》になり、結晶《けっしょう》と結晶《けっしょう》がぶつかりあったりこすれあったりして、サッ、ササッというかすかな音が聞こえるそうです。ロシアではこれを「星のささやき」と呼《よ》ぶのだとか。マッキンリーの頂上《ちょうじょう》に立った植村直己《うえむらなおみ》の耳にも、星のささやきが聞こえていたかもしれません。

標高約《ひょうこうやく》二二〇〇メートルの氷河《ひょうが》の上に設営《せつえい》したベースキャンプ*をひとりで出発したのは二月一日のこと。カリブー（トナカイ）の肉、クジラの脂《あぶら》、ビスケットなど約《やく》二週間分の食糧《しょくりょう》と、雪や氷をとかして飲み水を作るための燃料《ねんりょう》、無線機《むせんき》、八ミリカメラなどをソリに乗せ、重たいソリ

*ベースキャンプ　登山のとき、食糧《しょくりょう》や資材《しざい》をたくわえておく基地《きち》。

を自力でひきながら、ひざまでうまる雪の中を前かがみになって一歩一歩登り、少し登っては立ち止まって息を整え、また一歩一歩登っていく。初日《しょにち》は六時間ほどかけてわずか八キロ前進しただけでした。

日が暮《く》れる前に、一時間近くかけて雪の斜面《しゃめん》に長さ四メートルほどの雪洞《せつどう》をほります。テントがわりにする雪の横穴《よこあな》です。雪洞《せつどう》の中に入れば強風を防《ふせ》ぐことはできますが、それでもマイナス一〇度以下《いか》という低温《ていおん》で、汗《あせ》でしめった衣服《いふく》がバリバリと凍《こお》りつきました。

二日目以降《いこう》、登りの傾斜《けいしゃ》がきつくなりました。それだけでも大変《たいへん》なのに、強風が吹《ふ》きあれ、強風にあおられた雪が吹《ふ》きあがってもろに顔にあたり、目を開けることもできず、鼻はちぎれるほど痛《いた》く、立って歩くこともできず、それでも雪の上に四つんばいになって必死《ひっし》に前進するような状態《じょうたい》が続《つづ》きました。

いくら歩いてもマッキンリーの頂《いただき》ははるか遠く、頂上《ちょうじょう》にたどり着くまでに何日かかるかもわからず、「このまま凍死《とうし》するのかもしれない。」と絶望《ぜつぼう》しかけたこともありました。それでも、一歩一歩登り続《つづ》け、ときには四つんばいになって前進し続《つづ》けた結果《けっか》、ベースキャンプを出発してから一一日目、ついに頂上《ちょうじょう》に立つことができたのです。

冬期の、極寒《ごっかん》のマッキンリーは、これまでグループで登頂《とうちょう》した人はいました。また、夏期の単独登頂《たんどくとうちょう》なら、植村《うえむら》自身が一四年前に成功《せいこう》しています。けれど、冬期に単独《たんどく》で登頂《とうちょう》したのは、このときの植村直己《うえむらなおみ》が世界《せかい》初《はつ》の快挙《かいきょ》でした。

しかし、これが植村直己《うえむらなおみ》にとっては最後《さいご》の登山、最後《さいご》の冒険《ぼうけん》になってしまいました。

頂上《ちょうじょう》に立った翌日《よくじつ》の二月一三日に、無線《むせん》の交信《こうしん》で登頂《とうちょう》の成功《せいこう》を伝《つた》えたあと、連絡《れんらく》がとれなくなってしまったのです。

「冒険家《ぼうけんか》・植村直己《うえむらなおみ》が遭難《そうなん》した⁉」

このニュースはまたたく間に世界中に広がり、多くの人に衝撃《しょうげき》をあたえました。関係者《かんけいしゃ》は必死《ひっし》の捜索《そうさく》を行い、日本からも捜索隊《そうさくたい》が救援《きゅうえん》に行きましたが、植村直己《うえむらなおみ》を見つけることはできませんでした。植村直己《うえむらなおみ》は冬のマッキンリーに消えてしまったのです。

それから二か月後の四月、本人不在《ふざい》のまま、植村直己《うえむらなおみ》に国民栄誉賞《こくみんえいよしょう》が贈《おく》られました。

世界記録《せかいきろく》をぬりかえる七五六本のホームランを打った読売《よみうり》ジャイアンツの王貞治選手《おうさだはるせんしゅ》、〝古賀《こが》メロディー〟と呼《よ》ばれる名曲を数多く世に送り出した作曲家の古賀政男《こがまさお》、映画演劇《えいがえんげき》の世界で華々《はなばな》しい活躍《かつやく》をした名優《めいゆう》・長谷川一夫《はせがわかずお》に次ぐ四人目の栄《は》えある受賞者《じゅしょうしゃ》になったのです。

ここで、植村直己《うえむらなおみ》が成《な》しとげた冒険《ぼうけん》を、簡単《かんたん》にたどってみましょう。

植村直己《うえむらなおみ》が最初《さいしょ》に世界の注目を集めたのは、五大陸《たいりく》の最高峰《さいこうほう》に、世界で初《はじ》めて登ったことでした。

五大陸《たいりく》とは、アジア、ヨーロッパ、アフリカ、北アメリカ、それに南アメリカの各大陸《かくたいりく》です。オーストラリア大陸《たいりく》の最高峰《さいこうほう》コジオスコは、標高《ひょうこう》が二二二八メートルと低《ひく》く、それほど苦労《くろう》せずに登れるため、登山家が目標《もくひょう》にする山とは思われていませんでした。

五大陸《たいりく》の最高峰《さいこうほう》を、植村直己《うえむらなおみ》が登った順《じゅん》にならべると、次のようになります。

①一九六六（昭和四一）年七月　モン・ブラン（ヨーロッパ）単独登頂《たんどくとうちょう》。二五歳《さい》。

②一九六六（昭和四一）年一〇月　キリマンジャロ（アフリカ）単独登頂《たんどくとうちょう》。二五歳《さい》。

◀エベレストの山頂《さんちょう》で

③一九六八（昭和四三）年二月　アコンカグア（南アメリカ）単独登《たんどくとう》頂《ちょう》。二七歳《さい》。
④一九七〇（昭和四五）年五月　エベレスト（アジア・世界最高峰《さいこうほう》）登《とう》頂《ちょう》。二九歳《さい》。
⑤一九七〇（昭和四五）年八月　マッキンリー（北アメリカ）単独登《たんどくとう》頂《ちょう》。二九歳《さい》。

なお、当時はモン・ブランがヨーロッパの最高峰《さいこうほう》と考えられていましたが、現在《げんざい》の最高峰《さいこうほう》はロシアのエルブルースとされています。ただし、植村直己《うえむらなおみ》は一九七六（昭和五一）年にエルブルース登頂《とうちょう》にも成功《せいこう》しています。

いずれにしても、この文字どおり前人未踏《ぜんじんみとう》の快挙《かいきょ》を成《な》しとげたことによって、登山家ウエムラナオミの名は、世界中に知られることになるのです。

二九歳《さい》で世界初《せかいはつ》の五大陸最高峰登頂《たいりくさいこうほうとうちょう》を成《な》しとげた若《わか》き冒険家《ぼうけんか》が、次なる目標《もくひょう》として選《えら》んだのは南極大陸《なんきょくたいりく》でした。

南極《なんきょく》にはさまざまな国が越冬基地《えっとうきち》を置《お》いていますが、マクマード基地《きち》（アメリカ）――南極点《なんきょくてん》に位置《いち》するアムンゼン・スコット基地《きち》（アメリカ）――ベルグラーノ基地《きち》（アルゼンチン）を結《むす》ぶ三〇〇〇キロを犬ゾリで単独走破《たんどくそうは》する。それを冒険家《ぼうけんか》としての最後《さいご》の夢《ゆめ》と思い定めたのでした。

この夢《ゆめ》は、アメリカとアルゼンチン二か国の協力《きょうりょく》がなければ実現《じつげん》しません。そこで、両国の協力《きょうりょく》を得《え》られるように、さまざまなルートを通じて働《はたら》きかける一方、その返事を待っている間も着々《ちゃくちゃく》と準備《じゅんび》を進めていきます。

南極《なんきょく》へ視察《しさつ》に出かけたり、三〇〇〇キロという距離《きょり》を体に覚《おぼ》えこませるために徒歩《とほ》による日本列島縦断《じゅうだん》三〇〇〇キロ（北海道《ほっかいどう》・稚内《わっかない》〜鹿児《かご》島《しま》）に挑《いど》んだり（みごと五一日でゴール）、犬ゾリの操縦法《そうじゅうほう》を学ぶためにグリーンランドのいちばん北の村で現地《げんち》の人と共同《きょうどう》生活を送ったり……。

結果的《けっかてき》にはアメリカからよい返事がもらえず、また、自分自身でも南《なん》極《きょく》を横断《おうだん》するにはまだ技術《ぎじゅつ》がたりないと考えたこともあって、南極大陸《なんきょくたいりく》三〇〇〇キロを犬ゾリで単独走破《たんどくそうは》する夢《ゆめ》はひとまず先送りして、同じように犬ゾリを使った冒険《ぼうけん》に挑《いど》むことにしました。

それが北極圏《ほっきょくけん》一万二〇〇〇キロの単独走破《たんどくそうは》（一九七四年〜一九七六年）であり、北極点《ほっきょくてん》犬ゾリ単独行《たんどくこう》（一九七八年）であり、グリーンランド犬ゾリ縦断《じゅうだん》（一九七八年）でした。

いずれも世界初《せかいはつ》となる大冒険《だいぼうけん》で、一九七九（昭和五四）年、その業績《ぎょうせき》に対してイギリスのビクトリア・スポーツ・クラブから世界の優《すぐ》れた冒《ぼう》険家《けんか》、世界でもっとも勇敢《ゆうかん》なスポーツマンに贈《おく》られるバーラー・イン・スポーツ賞《しょう》を受けました。

一九八二（昭和五七）年、植村直己《うえむらなおみ》はようやく南極《なんきょく》に挑戦《ちょうせん》します。犬ゾリによる南極点到達《なんきょくてんとうたつ》と、南極《なんきょく》の最高峰《さいこうほう》ビンソンマシフ（標高《ひょうこう》四八九二メートル）に登る計画でした。このときはアルゼンチンが支援《しえん》を約束《やくそく》してくれたので、アルゼンチンの基地《きち》を拠点《きょてん》とするコースを設定《せってい》しました。

ところが領土《りょうど》問題をめぐってアルゼンチンとイギリスの間で戦争《せんそう》が起き、その影響《えいきょう》で冒険《ぼうけん》の支援《しえん》を受けられないことになり、計画を実行することはできませんでした。

もし、このとき犬ゾリによる南極点到達《なんきょくてんとうたつ》と南極最高峰《なんきょくさいこうほう》ビンソンマシフ登頂《とうちょう》に成功《せいこう》していたら、十年来思いえがき続《つづ》けてきた〝冒険家《ぼうけんか》としての最後《さいご》の夢《ゆめ》〟を実現《じつげん》することができていたら、植村直己《うえむらなおみ》がマッキンリーで死ぬことはなかったかもしれません。

植村直己《うえむらなおみ》がマッキンリーの冬期単独登頂《とうきたんどくとうちょう》に成功《せいこう》するのは、それからほぼ一年後のことです。一九八四（昭和五九）年二月一二日、四三歳《さい》の誕生日《たんじょうび》にマッキンリーの頂上《ちょうじょう》に立った翌日《よくじつ》の交信《こうしん》で登頂成功《とうちょうせいこう》を伝《つた》えたあと、消息を絶《た》ちます。

アラスカ州裁判所《さいばんしょ》が「マッキンリーにおいて二月一六日頃《ごろ》に遭難死亡《そうなんしぼう》したものと推定《すいてい》される。」と記した死亡推定評決書《しぼうすいていひょうけつしょ》を発行するのは、その年の一二月のことです。

二 ついたあだ名は「ドングリ」

世界五大陸《たいりく》の最高峰登頂《さいこうほうとうちょう》に成功《せいこう》し、南米の大河《たいが》アマゾン六〇〇〇キロをイカダで下り、犬ゾリを駆《か》って北極圏《ほっきょくけん》一万二〇〇〇キロを単独走破《たんどくそうは》し、北極点《ほっきょくてん》に立ち、グリーンランド縦断《じゅうだん》を成《な》しとげた世界的《せかいてき》な登山家であり冒険家《ぼうけんか》、このように書くと、植村直己《うえむらなおみ》という人は、とてつもなくすごい人に思えてきます。筋肉隆々《きんにくりゅうりゅう》の肉体を持った運動神経《うんどうしんけい》ばつぐんのスポーツマンタイプで、何ものをも恐《おそ》れずにチャレンジする勇気《ゆうき》の持ち主で、自分にできないことはないと思いこんでいる自信《じしん》のかたまり。どんな逆境《ぎゃっきょう》にあってもけっしてへこたれない強い精神力《せいしんりょく》の持ち主。そんなイメージがわいてきます。

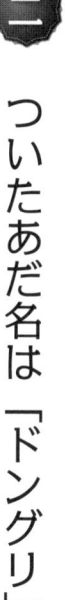

ところが実際《じっさい》の植村直己《うえむらなおみ》はそんなイメージとは一八〇度かけはなれた人物でした。身長一六〇センチと小柄《こがら》で、運動神経《うんどうしんけい》もとくにいいわけではなく、自信家《じしんか》どころかむしろ劣等感《れっとうかん》のかたまりで、人前に出ると顔を真《ま》っ赤《か》にして話もできないような人物でした。

なぜ、そんな普通《ふつう》の人が数々《かずかず》の偉業《いぎょう》を成《な》しとげて世界的《せかいてき》な登山家、冒険家《ぼうけんか》として名前を知られるようになったのでしょうか？　それは植村直己《うえむらなおみ》が登山や冒険《ぼうけん》が大好《だいす》きだったからです。大好《だいす》きなことを、自分の人生をかけて、一生懸命《いっしょうけんめい》やり続《つづ》けたからです。

植村直己《うえむらなおみ》は一九四一（昭和一六）年二月一二日、兵庫県城崎郡国府村《ひょうごけんきのさきぐんこくふむら》（今の豊岡市日高町《とよおかしひだかちょう》）で生まれました。日本海に注ぐ円山川沿《まるやまがわぞ》いに広がる盆地《ぼんち》です。実家は田んぼで米を作り、畑で野菜《やさい》を作り、牛も飼《か》っている農家でした。

▲幼《おさな》いころの植村直己《うえむらなおみ》と父・藤治郎《とうじろう》

直己《なおみ》は小学校に上がる前から農作業を手伝《てつだ》ったり、牛の世話をしたりしていました。学校が終わると、円山川《まるやまがわ》の土手へ牛を放牧《ほうぼく》に連《つ》れて行くのが役目でした。田畑の草むしりなどはいやでたまりませんでしたが、牛の放牧《ほうぼく》はまったく苦になりませんでした。牛を放牧《ほうぼく》させながら円山川《まるやまがわ》の土手や河原《かわら》でひとりのんびり過《す》ごす時間は、植村《うえむら》少年にとってはむしろ楽しいひとときでした。

登山家として冒険家《ぼうけんか》としての植村直己《うえむらなおみ》は自分ひとりだけで行動することを好《この》みましたが、子供《こども》のころからそうだったのかもしれません。少なくとも、ひとりでいることが苦になるような子供《こども》ではありませんでした。

小中学校時代の学校の成績《せいせき》は中の上くらいでしたが、とにかく平凡《へいぼん》で、地味で、クラスの中では目立たない存在《そんざい》でした。そのころ、いちばん楽しかったのは、田んぼのわきを流れる小川を友達《ともだち》みんなでせき止めてフナやナマズ、ウナギを手づかみしたり、ザルですくい取ったりすることだったと大人になってから語っています。でも、当時の遊び仲間《なかま》は植村直己《うえむらなおみ》について「いつもいっしょに遊んでいたはずなのに不思議《ふしぎ》とこれといった印象《いんしょう》がない。」と話しています。良《よ》くも悪くも目立たない、いるのか、いないのかわからないような子供《こども》でした。

高校は兵庫県《ひょうごけん》でもとくに古い歴史《れきし》を持つ県立豊岡高校《とよおかこうこう》に進みました。高校時代の植村《うえむら》少年は「クラブ活動をやる勇気《ゆうき》もなく、そうかといって勉強も満足《まんぞく》にせず、学校の反乱《はんらん》分子のようになってよくいたずらをした。」といいます。

〝反乱《はんらん》分子〟とは集団《しゅうだん》生活のルールを守らない、ルールを無視《むし》するような生徒《せいと》だったという意味ですが、けっして不良《ふりょう》とかツッパリだったというわけではありません。高校生になるとますます人前で話をするのが苦手になり、人と接《せっ》するのが苦痛《くつう》に感じられるようになり、集団《しゅうだん》に加《くわ》わることができない反乱《はんらん》分子としてふるまうしかなかっただろうと想像《そうぞう》します。クラブ活動をやる勇気《ゆうき》がなかったのもそのためでしょう。口べたであることは大きなコンプレックスでした。一八歳《さい》のときの日記に次のように書《か》き残《のこ》しています。

「自分はなぜ、バカなのだろう。大きな疑問《ぎもん》を持つ。そういえば、読書が嫌《きら》いであった為《ため》に、人々《ひとびと》との談話に乗ることができないのだ。」

本を読まないからうまく話せないのだと考えた植村直己《うえむらなおみ》は、夏目漱石《なつめそうせき》らの文学全集を読みあさるなど、口べたを直そうとして人知れず努力《どりょく》しました。

高校卒業後《そつぎょうご》は地元の運送会社に就職《しゅうしょく》します。本当は大学への進学を希《き》望《ぼう》し、関西大学《かんさいだいがく》の入学試験《しけん》に合格《ごうかく》もしていたのですが、親戚《しんせき》の紹介《しょうかい》で決まった就職話《しゅうしょくばなし》を断《ことわ》ることができず、大学進学をあきらめたのでした。ところが、いざ働《はたら》きはじめたものの、大学へ行きたいという気持ちが日増《ひま》しに強くなり、翌年《よくとし》あらためて大学受験《じゅけん》に挑《いど》み、明治大学《めいじだいがく》農学部農産製《のうさんせい》造学科《ぞうがくか》に入学を果《は》たします。一九六〇（昭和三五）年のことです。

大学へ進んだものの、自分の将来《しょうらい》にはっきりした目標《もくひょう》があったわけではありませんでした。設置《せっち》されて間もない農学部農産製造学科《のうさんせいぞうがくか》（一九六八年農芸化学科《のうげいかがくか》に改称《かいしょう》）を選《えら》んだのも、当時は志望者《しぼうしゃ》が少なくて比較的《ひかくてき》合格《ごうかく》しやすいという理由からでした。

将来《しょうらい》のはっきりした目標《もくひょう》はありませんでしたが、大学に入ったらぜひやってみたいことがありました。それは高校時代は勇気《ゆうき》がなくて入れなかったクラブ活動に参加《さんか》して友達《ともだち》を作り、有意義《ゆういぎ》な大学生活を過《す》ごすことでした。しかし、いざとなるとついつい弱気の虫が顔を出しました。文化サークルや音楽サークルに入れる才能《さいのう》は自分にはありそうもない。経験者《けいけんしゃ》がゴロゴロいる運動部に入ってもついていけそうにない。そんなふうに考えてしまい、どのサークルにもクラブにもなかなか参加《さんか》できませんでした。

もし、もう少し自分に自信《じしん》があり、演劇部《えんげきぶ》とか合唱部《がっしょうぶ》とか、バスケットボール部とかテニス部とかに入っていたら、のちの世界的冒険家《せかいてきぼうけんか》・植村直己《うえむらなおみ》は存在《そんざい》しなかったのですから、人生何が幸いするかわからないものです。

最後《さいご》の最後《さいご》に「もしかして、ここだったら……。」と選《えら》んだのが山岳部《さんがくぶ》でした。多くの部員とともに山に登り、自然《しぜん》とふれあい、テントで寝《ね》泊《と》まりすれば、きっと仲《なか》のいい友達《ともだち》ができるはずだし、そうすれば有意《ゆうい》義《ぎ》な大学生活を送ることができるにちがいないと思ってのことでした。本格的《ほんかくてき》な登山経験《とざんけいけん》がなかったため、仲間《なかま》どうしで楽しむ気軽なハイキングみたいなことを想像《そうぞう》していたのです。

四月下旬《げじゅん》から一週間、北アルプス白馬八方尾根《はくばはっぽうおね》で行われた新入部員歓《かん》迎山行合宿《げいさんこうがっしゅく》に参加《さんか》して、植村直己《うえむらなおみ》は自分の想像《そうぞう》がいかにあまかったかをイヤというほど思い知らされることになります。

合宿初日《しょにち》、八方尾根《はっぽうおね》にある山岳部《さんがくぶ》の山小屋へ行くまでは、重い荷物はみな上級生が背負《せお》ってくれたこともあって、新入部員はさながらハイキング気分でした。夜は夜で新入部員を歓迎《かんげい》する宴会《えんかい》が開かれ、楽しいひとときを過《す》ごすことができました。しかし、翌朝《よくあさ》、白馬岳《しろうまだけ》（標高《ひょうこう》二九三二メートル）目指して本格的《ほんかくてき》な登山がスタートすると、それまでのハイキング気分は一瞬《いっしゅん》にしてふっ飛《と》んでしまいました。体育会系山岳部《たいいくかいけいさんがくぶ》ならではの手荒《てあら》い歓迎《かんげい》の儀式《ぎしき》が待ち受けていたからです。

昨夜《さくや》までは終始にこやかだった上級生の顔から笑《え》みが消え、やわらかかった口調が厳《きび》しい命令《めいれい》口調に変《か》わりました。新入部員たちは命じられるままに四〇キロ近いリュックサックを背負《せお》わされ、険《けわ》しい山道を登り続《つづ》けました。隊列《たいれつ》から少しでもおくれると上級生から容赦《ようしゃ》ないば声《せい》が浴《あ》びせられ、ときにはピッケル（つるはしのついた登山用のつえ）の柄《え》で尻《しり》や足をたたかれたりもしました。

新入部員の中で真っ先にバテたのが、いちばん小柄《こがら》で体力のなかった植村直己《うえむらなおみ》でした。つかれきって、足腰《あしこし》のふんばりがきかなくなり、直己《なおみ》はコロコロとよく転びました。ついたあだ名が〝ドングリ〟。なんとも情《なさ》けなく、はずかしいあだ名でした。

新入部員歓迎山行合宿《かんげいさんこうがっしゅく》でつらい思いをした直己《なおみ》は、下山したらすぐに山岳部《さんがくぶ》を退部《たいぶ》しようかと思いました。しかし、ここで逃《に》げ出《だ》したら新しい友達《ともだち》を作ることも、有意義《ゆういぎ》な大学生活を送ることもできないまま自分はダメな人間になってしまうかもしれない――そんな恐怖心《きょうふしん》にも似《に》た思いも胸《むね》の内《うち》にはありました。〝ドングリ〟というはずかしいあだ名を返上したいという男の意地もあり、結局《けっきょく》、山岳部《さんがくぶ》に残《のこ》ることにしました。

残《のこ》るのであればまずは体力をつけなければ……と考えた直己《なおみ》は、以来《いらい》毎朝六時に起きて川崎市柿生《かわさきしかきお》の下宿近くの山道を九キロほど走って体力作りにはげむようになりました。約《やく》二〇人いた新入部員は一年たつかたたないかのうちに一五人が退部《たいぶ》し、五人だけになってしまいましたが、人知れず努力《どりょく》を続《つづ》けたかいあって、直己《なおみ》は途中《とちゅう》で挫折《ざせつ》することなく一年目を乗り切ることができました。

登山に必要《ひつよう》な体力が身につき、上級生といっしょに山に登っても、おくれることなくついていけるようになり、ふだん目にすることができない山の自然《しぜん》を見たりふれたりする余裕《よゆう》が出てくると、登山はとても楽しいものになりました。多いときには山岳部《さんがくぶ》として年に七回もの合宿登山を行い、単独《たんどく》登山も加《くわ》えると一年間に一三〇日も山で暮《く》らすほど、植村《うえむら》直己《なおみ》はすっかり登山の魅力《みりょく》に取りつかれ、のめりこんでいきました。

体力がなくてコロコロ転んでいた〝ドングリ〟は、大学四年間でいつの間にかたくましい山男に変身《へんしん》していました。

三　四年五か月の海外登山修行《しゅぎょう》

学生時代、日本各地《かくち》の山に挑《いど》み、頂上《ちょうじょう》を極《きわ》め、次々《つぎつぎ》と制覇《せいは》していくうちに、植村直己《うえむらなおみ》はしだいに「外国の山にも登ってみたい。」と思うようになっていきます。外国の山々《やまやま》に関《かん》する本を読みふけるようになり、「いつかは自分も……。」と夢《ゆめ》をふくらませていきました。

胸《むね》に秘《ひ》めていた夢《ゆめ》が、いてもたってもいられない現実的《げんじってき》な思いに変《か》わるのは卒業《そつぎょう》をひかえた大学四年の夏のことです。夏休みを利用《りよう》してアラスカの氷河《ひょうが》の山へ行ってきた山岳部《さんがくぶ》の仲間《なかま》から、自慢話《じまんばなし》を聞かされたのがきっかけでした。

仲間《なかま》の話はあまりにもうらやましく、聞いているうちにメラメラとライバル意識《いしき》が燃《も》えあがってきました。「卒業《そつぎょう》してからの就職《しゅうしょく》なんてどうなってもいい。」「せめて一度でもいいから外国の山に登りたい。」「それが自分にとってもっとも幸せな道だ。」――そんな気持ちがふつふつとわきあがってきました。

いくら外国の山に登ることが夢《ゆめ》だったとはいえ、そのためならば〝就《しゅう》職《しょく》なんてどうでもいい〟というのはずいぶん乱暴《らんぼう》な話です。むちゃくちゃです。しかし、これから先の植村直己《うえむらなおみ》の登山家人生、冒険家《ぼうけんか》人生は見ようによっては乱暴《らんぼう》な話、むちゃくちゃな話の連続《れんぞく》です。何かひとつのことにまるで取りつかれたように熱中《ねっちゅう》している人、我《われ》を忘《わす》れて夢中《むちゅう》になっている人の人生はたいていそんなものなのです。

アラスカの氷河《ひょうが》を見てきた仲間《なかま》の話に刺激《しげき》され、ライバル意識《いしき》を燃《も》やした植村直己《うえむらなおみ》は、ならば自分はヨーロッパ・アルプスの氷河《ひょうが》をこの目で見てこよう、この足で踏《ふ》みしめてこようと決心します。

問題はヨーロッパへ行くための旅費《りょひ》と滞在費《たいざいひ》をどうするか。すぐさまアルバイトをはじめますが、いくら汗水《あせみず》流して働《はたら》いてもヨーロッパ遠征《えんせい》の費用《ひよう》がすぐにたまるはずがありません。

すぐにでも行きたい、一日も早くアルプスに登りたい――その気持ちをおさえられない植村直己《うえむらなおみ》はある作戦《さくせん》を思いつきます。行きの旅費《りょひ》の分だけお金がたまったら、とりあえずヨーロッパへ行ってしまおうと考えたのです。ヨーロッパでの滞在費《たいざいひ》や帰りの旅費《りょひ》は現地《げんち》でアルバイトをしてかせげばいいと。

とはいえ、フランス語もドイツ語もイタリア語もまったくできない自分がたったひとりでヨーロッパへ出かけていって、行き当たりばったりでアルバイトを見つけることができるとはさすがに思えませんでした。ならばどうするか?

あれこれ考えたすえに、ヨーロッパではなくまずはアメリカへ行き、アメリカでアルバイトをしてお金をためて、そのお金でヨーロッパへ行くことを思いつくのでした。

なぜアメリカだったのでしょう？　理由は三つありました。

フランス語やドイツ語に比《くら》べ、学校で習った英語《えいご》ならば多少はなんとかなるのではないかと考えたことがまず一つ。

同じアルバイトをするのでも、当時は日本よりはるかに物価《ぶっか》と生活水《せいかつすい》準《じゅん》が高かったアメリカで働《はたら》いたほうがより高い賃金《ちんぎん》がもらえるはずで、その分だけヨーロッパ遠征《えんせい》の費用《ひよう》も早くたまるだろうと計算をしたのが二つめ。

そして三つめは、これがいちばん大きな理由だったのではないかと思いますが、アメリカであれどこであれ、日本から脱出《だっしゅつ》することがとにもかくにも夢《ゆめ》に近づく第一歩だと考えたからです。

もっとも、これだっていきなりヨーロッパへ行くのと同じくらい乱暴《らんぼう》でむちゃくちゃな話であることに変《か》わりありません。当時の英語力《えいごりょく》は日《にち》常会話《じょうかいわ》もろくにできないレベルであり、アメリカにだれか頼《たよ》る人がいるわけでもなく、行き当たりばったりでアルバイトを探《さが》そうというのですから。

大学を卒業《そつぎょう》して一か月後の一九六四（昭和三九）年五月二日、植村直《うえむらなお》己《み》はロサンゼルス経由《けいゆ》南米行きの移民船《いみんせん》『あるぜんちな丸』に乗って横《よこ》浜港《はまこう》を出航《しゅっこう》、アメリカへ向けて旅立ちました。所持金はわずかに一一〇ドル（一ドル＝三六〇円の時代。日本円でおよそ四万円）だけ。ホテルに泊《と》まってレストランで食事でもしようものなら、一週間で使い切ってしまう心許《こころもと》ない金額《きんがく》です。その前に安く寝泊《ねと》まりできる場所を確保《かくほ》し、アルバイト先を見つけなければ、言葉も通じないアメリカで路頭に迷《まよ》うことになります。

考えれば考えるほど不安《ふあん》が大きくなるばかりでしたが、横浜港《よこはまこう》を出てから一四日目の夜半、『あるぜんちな丸』がロサンゼルスの港に着き、「よし、仕事を見つけるまではキュウリでも食べて金を節約《せつやく》するぞ！」と、思ったとたんに不安《ふあん》がふき飛《と》んでしまったというのですから、この人の思考回路は普通《ふつう》の人とは少しちがうようです。

〝笑《わら》う門《かど》には福来《きた》る〟ということわざがありますが、不安《ふあん》がふっ飛《と》んでしまうと幸運が舞《ま》いこんでくるものなのかもしれません。アメリカに着いて三日目、新聞の求人欄《きゅうじんらん》で見つけた高級ホテルでアルバイトができることに決まりました。

朝八時から午後四時までは客室のそうじやベッドのシーツを取りかえるルームボーイ、四時から夜中の一二時までは厨房《ちゅうぼう》で皿洗《さらあら》い。休憩《きゅうけい》は昼食の三〇分だけ。一日一五時間の長時間労働《ろうどう》で給料《きゅうりょう》は一か月二〇〇ドル（七万二千円）。待遇《たいぐう》は良《よ》くありませんでしたが、仕事にありつけただけで満足《まんぞく》していたので、朝から夜中まで一生懸命《いっしょうけんめい》働《はたら》きました。

次に見つけたのはカリフォルニアの農園で、メキシコからやってきた季節労働者《きせつろうどうしゃ》にまじってぶどうの収穫《しゅうかく》を手伝《てつだ》うアルバイトでした。朝六時から午後四時半まで気温四〇度の炎天下《えんてんか》で一日一〇時間労働《ろうどう》。給料《きゅうりょう》は、収穫《しゅうかく》したぶどうの量《りょう》に応《おう》じて支払《しはら》われ、一抱《ひとかか》えもある大なべいっぱいにぶどうをもいで六セント（およそ二二円）。仕事に慣《な》れたメキシコ人労働者《ろうどうしゃ》たちは一日二五ドルもかせぐと聞いて、植村直己《うえむらなおみ》も目の色を変《か》えて朝から晩《ばん》までぶどうをもぎました。

最初《さいしょ》のころは一日がんばっても六ドルくらいにしかならなかったといいますが、じきにコツを覚《おぼ》えると、朝から晩《ばん》まで手をぬくことなくがんばる持ち前の生真面目《きまじめ》さも手伝《てつだ》って一日三〇ドルもかせげるようになり、三か月後には一〇〇〇ドルものお金がたまっていました。

ところが、九月も終わりに近づいたある日、農場にイミグレーション（入国管理事務所《にゅうこくかんりじむしょ》）の調査官《ちょうさかん》がやってきて、観光《かんこう》ビザで働《はたら》いていたことが見つかってしまいます。国境《こっきょう》をこえてアメリカに不法入国《ふほうにゅうこく》していたメキシコ人労働者《ろうどうしゃ》とともに、植村直己《うえむらなおみ》は窓《まど》に鉄格子《てつごうし》がはまったバスに乗せられて最寄《もよ》りのイミグレーションに連《つ》れて行かれ、留置所《りゅうちじょ》に入れられてしまいます。

なぜそんなことになったのかといえば、観光《かんこう》ビザでアメリカに入国した外国人は、アメリカで働《はたら》くことが禁止《きんし》されているからです。不法《ふほう》に働《はたら》いているのが見つかったり、通報《つうほう》されたりすると、取り調べを受けたあとにそれぞれの本国に強制的《きょうせいてき》に送り返される決まりなのです。

留置所《りゅうちじょ》で、植村直己《うえむらなおみ》は眠《ねむ》れぬ夜《よる》を過《す》ごします。このまま罪人《ざいにん》として日本に送り返されたら、家族や友人たちに顔向けできません。

しかし、つかまってもあっけらかんとしているメキシコ人たちを見ていたら、冷静《れいせい》さを取りもどしてきました。アメリカに来て、ひどい労働《ろうどう》条件《じょうけん》の下でも一日も休まず働《はたら》き続《つづ》けたのは「学生時代からの山登りの夢《ゆめ》を果《は》たしたいからだ。それがなぜ悪いのか。オレがなぜ悪いのか。」と開き直ったのです。

少なくとも山登りにかけた自分の思いだけは、イミグレーションの調《ちょう》査官《さかん》にもわかってほしいと植村直己《うえむらなおみ》は思いました。

しかし、自分の思いをきちんと伝《つた》えるだけの英語力《えいごりょく》がありません。そこで一計《いっけい》を案《あん》じて英語《えいご》がまったくできないふりをすることにしました。そうすれば困《こま》り果《は》てた調査官《ちょうさかん》が、だれか日本語のできる人を呼《よ》ぶはずだと考えたのです。

案《あん》の定《じょう》、調査官《ちょうさかん》は知り合いの日系人《にっけいじん》を呼《よ》びました。その日系人《にっけいじん》に対して、植村直己《うえむらなおみ》は登山をはじめた動機《どうき》からはじまって、明治大学山岳部《めいじだいがくさんがくぶ》での活動、ヨーロッパ・アルプスの氷河《ひょうが》を目指していること、その遠征費《えんせいひ》用《よう》をかせぐために働《はたら》いていたことなど、聞かれもしないことまで必死《ひっし》に話し続《つづ》けました。

理由はどうあれ、観光《かんこう》ビザで働《はたら》いていたのはまぎれもない事実であり、強制送還《きょうせいそうかん》はまぬがれようもないところですが、話を聞いた調査官《ちょうさかん》が下した結論《けつろん》は意外なものでした。

「すぐにヨーロッパへ行き、あなたの目的《もくてき》の山登りをやりなさい。」

山登りにかける植村直己《うえむらなおみ》の一途《いちず》な気持ちが通じたのでした。

このできごとから一か月後、一九六四（昭和三九）年一一月、植村直《うえむらなお》己《み》はヨーロッパ・アルプスの最高峰《さいこうほう》モン・ブランの登山口として有名なリゾート地シャモニにいました。キャンプ場にテントを張《は》り、白く輝《かがや》くモン・ブランを見上げていました。見上げているうちに、氷河《ひょうが》を見るだけではなく、「モン・ブランの頂上《ちょうじょう》に立ちたい。」という新たな夢《ゆめ》がムクムクと頭をもたげてきました。

目の前に山があれば登りたいと思うのが山男というものです。大学山《さん》岳部《がくぶ》での四年間で、ヨーロッパ最高峰《さいこうほう》に登れるだけの力はつけているはずでした。

一一月一〇日、植村直己《うえむらなおみ》は二五キロのリュックを背負《せお》ってひとりきりでモン・ブランを登りはじめました。はじめて登る外国の山。はじめて踏《ふ》みしめる氷河《ひょうが》。このときはさながら天にも昇《のぼ》るような心地《ここち》だったのではないでしょうか。

ところが登りはじめて三日目、植村直己《うえむらなおみ》は文字どおり天国から地獄《じごく》へとつき落とされることになるのです。

モン・ブランの頂上《ちょうじょう》から流れ下っているボッソン氷河《ひょうが》をあと数百メートルで渡《わた》りきろうとしていたそのとき、体が一瞬《いっしゅん》フワッと宙《ちゅう》にうき、そしてストンと急降下《きゅうこうか》しました。雪におおわれて見えなかったクレバス（氷河《ひょうが》や雪渓《せっけい》の割《わ》れ目《め》）に落ちたのでした。

クレバスは底知《そこし》れぬ深さで口を開けていましたが、幸いなことに植村《うえむら》直己《なおみ》の体は、二メートルほど落ちたところにはさまって、宙《ちゅう》ぶらりんの状態《じょうたい》で止まっていました。

なんとか自力ではいあがり、無事生還《ぶじせいかん》することができましたが、これは奇跡《きせき》としかいいようがありません。はさまったところがあと三〇センチ、いえ、あと一〇センチ程度《ていど》広かったら、クレバスの底《そこ》まで墜落《ついらく》して即死《そくし》だったはずです。万が一墜落死《ついらくし》しなくても、深いクレバスからはいあがることができずに凍死《とうし》したことでしょう。

このできごとが、その後の植村直己《うえむらなおみ》の登山家人生を大きく左右することになります。

もし、このときモン・ブラン登頂《とうちょう》に成功《せいこう》していたら、夢《ゆめ》を実現《じつげん》した植《うえ》村直己《むらなおみ》は、おそらくすぐに日本に飛《と》んで帰ってきたのではないでしょうか。登山仲間《とざんなかま》にモン・ブラン登頂《とうちょう》の自慢話《じまんばなし》をして、ついでにアメリカでの苦労話《くろうばなし》も面白《おもしろ》おかしく語って聞かせたりしたかもしれません。

しかし、氷河《ひょうが》を踏《ふ》みしめることはできたものの、モン・ブラン登頂《とうちょう》に失敗《しっぱい》した植村直己《うえむらなおみ》は、翌年《よくとし》夏に再《さい》チャレンジすることを心に誓《ちか》い、それまでの間シャモニにとどまることを決心するのです。

あいにくとシャモニではアルバイトが見つかりませんでしたが、シャモニから三〇キロほどはなれたスイス国境《こっきょう》の小さな村モルジンヌで、スキー場のパトロールのアルバイトを見つけることができました。スキーは初心者《しょしんしゃ》でしたが、「自分はグッド・スキーヤーだ。」とうそをついて採用《さいよう》されたのでした。

このうそはすぐにばれることになりますが、どんな仕事もいやがらずに人の二倍も三倍も働《はたら》く姿勢《しせい》が評価《ひょうか》され、そのまま働《はたら》き続《つづ》けることが認《みと》められました。

一九六四（昭和三九）年の一一月から、一九六七（昭和四二）年の暮《く》れまで、植村直己《うえむらなおみ》はこのモルジンヌのスキー場で働《はたら》き続《つづ》けることになります。

ここを活動拠点《かつどうきょてん》にして明治大学《めいじだいがく》のヒマラヤ遠征隊《えんせいたい》に加わったり、ひとりでアフリカの最高峰《さいこうほう》キリマンジャロ登頂《とうちょう》を果《は》たしたり、氷河《ひょうが》を見にグリーンランドへ出かけるなど世界を飛《と》び歩《ある》いて経験《けいけん》を重ね、実績《じっせき》を積《つ》み、視野《しや》を広げていくことになるのです。

このような世界的《せかいてき》な活動が可能《かのう》だったのは、ヨーロッパを活動拠点《かつどうきょてん》にしていたからこそであり、その意味ではモン・ブランでの遭難《そうなん》が、結果《けっか》として世界的《せかいてき》登山家・植村直己《うえむらなおみ》を育てることになったということができるでしょう。

一九六七（昭和四二）年一二月中旬《ちゅうじゅん》、植村直己《うえむらなおみ》は丸三年勤《つと》めたスキー場の仕事を辞《や》めて、バルセロナ（スペイン）の港から船でブエノスアイレス（アルゼンチン）へ渡《わた》り、南米大陸《たいりく》の最高峰《さいこうほう》アコンカグア単独登頂《たんどくとうちょう》を果《は》たします。アマゾン川を六〇日かけてイカダで下る冒険《ぼうけん》も成功《せいこう》させました。

その後、アラスカ（アメリカ）へ飛《と》び、北米大陸《たいりく》の最高峰《さいこうほう》マッキンリー単独登頂《たんどくとうちょう》を試《こころ》みますが、これは登山許可《きょか》が下りなかったため断念《だんねん》。かわりに標高《ひょうこう》四九五二メートルのサンフォード山登頂《とうちょう》を果《は》たして、一九六八（昭和四三）年一〇月一日、日本に帰国します。

アメリカへ向けて横浜港《よこはまこう》を出発してから、実に四年五か月ぶりのことでした。

▲アマゾン川をイカダで下る

四 登山許可《きょか》が下りない

さまざまな登山、冒険《ぼうけん》を成功《せいこう》させた植村直己《うえむらなおみ》の足あとを丹念《たんねん》に追っていくと、実際《じっさい》に山に登る前、実際《じっさい》に犬ゾリを走らせる前に、必《かなら》ずといっていいほど大きな困難《こんなん》に直面していたことに気がつきます。登山や冒険《ぼうけん》に挑戦《ちょうせん》するための許可《きょか》が、いつもなかなか下りなかったのです。

アフリカのケニア山でも、南米のアコンカグアでも、北米マッキンリーでもまったく同じで、許可《きょか》してもらうために一苦労《ひとくろう》も二苦労《ふたくろう》もしなければなりませんでした。

このことは、植村直己《うえむらなおみ》がそう簡単《かんたん》には許可《きょか》してもらえないような登山や冒険《ぼうけん》に挑戦《ちょうせん》し続《つづ》けてきたことの証《あかし》ともいえます。

アフリカ大陸《たいりく》の最高峰《さいこうほう》キリマンジャロとケニア山の単独登頂《たんどくとうちょう》に挑《いど》んだのは一九六六（昭和四一）年九月下旬《げじゅん》のこと。最初《さいしょ》に目指したのは赤道直下、ケニア共和国《きょうわこく》中央にそびえるケニア山でした。現地《げんち》に着くとすぐさま登山ルートの確認《かくにん》と、登山許可《きょか》を取るために町はずれにある警察署《けいさつしょ》へと出かけました。

しかし、警察署長《けいさつしょちょう》はたったひとりでケニア山に登るという植村直己《うえむらなおみ》に対し、それはあまりにも危険《きけん》だからといって登山許可《きょか》を出そうとしませんでした。ケニア山に登るためには、裾野《すその》に広がる数キロにおよぶジャングルを通らなければならず、そのジャングルには象《ぞう》や豹《ひょう》などの猛獣《もうじゅう》がいっぱいいて、とても危険《きけん》だというのです。

言葉がうまく伝《つた》わっていないと思ったのか、署長《しょちょう》はわざわざ豹《ひょう》に食《く》い殺《ころ》された人間の写真を持ち出してきて「君もこうなりたいのか。」といいました。

猛獣《もうじゅう》がいるジャングルを数キロも通らなければいけないことなどまったく知らなかった植村直己《うえむらなおみ》は、写真を見せられて言葉を失《うしな》いました。ケニア山をあきらめてキリマンジャロへ向かうか、それとも予定どおり決行するか一瞬《いっしゅん》迷《まよ》いました。でも、すぐに思い直しました。

「いや、俺《おれ》はなんとしてもやらねばならないのだ。」「単独登攀《たんどくとうはん》はいつの場合にも危険《きけん》なのはわかっている。」「それを承知《しょうち》の上でやっているのだから、自分で危険《きけん》に直面もせず、他人に言われただけで中止するというのはまったく言《い》い訳《わけ》にもならない。」

このときは、道案内《みちあんない》と荷物運び、そして護衛役《ごえいやく》として現地《げんち》の人を四、五人連《つ》れて行くようすすめる署長《しょちょう》をねばり強く説得《せっとく》し、ひとりだけ雇《やと》うことでなんとか登山許可《きょか》をもらうことができました。

ジャングルでは木に登って獲物《えもの》を待《ま》ち構《かま》えている豹《ひょう》や、どうもうな野牛に遭遇《そうなん》したり、まだ湯気の立つ象《ぞう》の糞《ふん》を見つけてあわてたりと、おそろしい体験《たいけん》をしましたが、幸いなことに無事《ぶじ》にジャングルを通りぬけ、ケニア山に登ることができました。

南米の最高峰《さいこうほう》アコンカグアに挑《いど》んだときは、手続《てつづ》きがややこしいこともあって、登山許可《きょか》を取るために警察《けいさつ》と軍隊《ぐんたい》に何度も足を運ばなければなりませんでした。

まずは計画書に登山ルート、期間、登山経歴《けいれき》を書きこみ、それに持ちものの一覧表《いちらんひょう》と身体検査証《しんたいけんさしょう》をそえて警察署《けいさつしょ》に提出《ていしゅつ》する必要《ひつよう》がありました。書類《しょるい》はすべてスペイン語で書かなければならなかったため、装備品《そうびひん》一式を警察署《けいさつしょ》に持ちこみ、警察官《けいさつかん》に書類作成《しょるいさくせい》を手伝《てつだ》ってもらうことにしました。

しかし、登山をやらない警察官《けいさつかん》は、植村直己《うえむらなおみ》が取り出した道具が何という名前で、何に使うものなのかがさっぱりわかりません。いちいち説《せつ》明《めい》しなければならないのですが、言葉がうまく通じないのですから、この作業はおそろしく根気のいるものになりました。

書類《しょるい》の提出先《ていしゅつさき》は警察署《けいさつしょ》ですが、最終的《さいしゅうてき》に許可《きょか》するかどうかを決めるのは軍隊《ぐんたい》の司令官《しれいかん》であったため、軍隊《ぐんたい》にも装備《そうび》一式を持ちこんで装備品《そうびひん》がアコンカグア登山にふさわしいものかどうかのチェックを受けなければなりませんでした。

持ちこんだ装備《そうび》はもう何年も使い古したものばかりでしたので、ひとつひとつチェックするうちに司令官《しれいかん》の顔がしだいに険《けわ》しくなっていきました。アコンカグアに単独《たんどく》で登山する装備《そうび》としては不十分《ふじゅうぶん》かつ不適切《ふてきせつ》だと感じたのです。

それに気づいた植村直己《うえむらなおみ》は、装備品《そうびひん》の中から穴《あな》のあいた靴下《くつした》を取り出し、靴下《くつした》の穴《あな》に手の指をつっこんで「こうすれば寒いときは手袋《てぶくろ》がわりになります。」セーターを逆《さか》さまにして両そでに両足を入れ「こうすればズボンにもなります。」となんとも珍妙《ちんみょう》な実演《じつえん》をはじめました。

本人は大まじめでしたが、まわりにいた軍人《ぐんじん》たちはお腹《なか》をかかえて笑《わら》い転《ころ》げました。

そんなことにはおかまいなく、植村直己《うえむらなおみ》は片言《かたこと》のスペイン語で続《つづ》けました。「単独登山《たんどくとざん》では背負《せお》う重量《じゅうりょう》に限《かぎ》りがあります。」「食糧《しょくりょう》も持たなければいけないので、装備《そうび》はできるだけ少なく、軽くしなければなりません。」「そのためには靴下《くつした》が手袋《てぶくろ》になったり、セーターがズボンになったりと、装備《そうび》は融通性《ゆうずうせい》に富《と》んでいることが大事なのです。」

この説明《せつめい》と、必死《ひっし》の実演《じつえん》がうまくいって、軍《ぐん》の司令官《しれいかん》はアコンカグア単独《たんどく》登山を許可《きょか》してくれました。軍《ぐん》の協力《きょうりょく》も約束《やくそく》してくれました。

ちなみに、アコンカグアの登山が許可制《きょかせい》になったのはこの年からで、登山許可申請《きょかしんせい》第一号が植村直己《うえむらなおみ》でした。

ときには必死《ひっし》の説得《せっとく》も、驚異《きょうい》のねばりも通用せず、登山や冒険《ぼうけん》の許可《きょか》がもらえないこともありました。植村直己《うえむらなおみ》はアコンカグア単独登頂《たんどくとうちょう》に成《せい》功《こう》した勢《いきお》いに乗ってアラスカへ飛《と》び、北米大陸《たいりく》の最高峰《さいこうほう》マッキンリーの単独登頂《たんどくとうちょう》を計画しますが、ここでは四人以下《いか》の登山は禁止《きんし》するという国立公園の規則《きそく》があり、単独《たんどく》登山は許可《きょか》されませんでした。アンカレッジのレストランでアルバイトをしながらねばり強く交渉《こうしょう》をくり返しましたが、何度交渉《こうしょう》しても登山許可《きょか》は下りませんでした。

その二年後、一九七〇（昭和四五）年八月、植村直己《うえむらなおみ》は再《ふたた》びマッキンリー単独登頂《たんどくとうちょう》に挑戦《ちょうせん》します。日本を出発する前にアラスカ州政府《しゅうせいふ》の関係《かんけい》者《しゃ》から「単独《たんどく》登山の許可《きょか》はまず不可能《ふかのう》でしょう。」といわれていたので、アラスカへ向けて旅立ったときの心境《しんきょう》は複雑《ふくざつ》でした。

登山計画書や身体検査証《しんたいけんさしょう》などの必要書類《ひつようしょるい》に加《くわ》え、日本山岳会《にほんさんがくかい》会長の推《すい》薦状《せんじょう》なども持っていたので、それらを提出《ていしゅつ》した上でマッキンリー登山にかける思いをぶつければ、例外的《れいがいてき》に単独《たんどく》登山を認《みと》めてもらえるのではないか――その思いだけが唯一《ゆいいつ》の心の支《ささ》えでした。

しかし、同時に「もし登山が許可《きょか》されなかったら……。」という思いも心に重くのしかかっていました。許可《きょか》されなかったときは「だまって登ってしまえ。」という悪魔《あくま》のささやきが聞こえることもあったと、のちの植村直己《うえむらなおみ》は書《か》き残《のこ》しています。

その年の五月に日本人としてはじめて世界最高峰《せかいさいこうほう》のエベレスト登頂《とうちょう》に成功《せいこう》し、残《のこ》るひとつマッキンリー登頂《とうちょう》を果《は》たせば世界初《せかいはつ》の五大陸最高峰《たいりくさいこうほう》登頂者《とうちょうしゃ》になれるのですから、「だまって登ってしまえ。」という悪魔《あくま》のささやきが聞こえたとしても不思議《ふしぎ》はありません。

結果《けっか》はどうだったかといえば「ノー。」であり、「イエス。」でした。

アラスカのマッキンリーを中心とする雄大《ゆうだい》な自然保護地域《しぜんほごちいき》を管理《かんり》するデナリ国立公園管理事務所《かんりじむしょ》を最初に訪《おとず》れたときの答えは「ノー。」でした。

日本から持っていった書類《しょるい》をありったけ広げ、顔を赤くして熱弁《ねつべん》をふるいましたが、応対《おうたい》した事務員《じむいん》はごく冷静《れいせい》に「残念《ざんねん》ですが、規則《きそく》に従《したが》いあなたの単独《たんどく》登山を認《みと》めることができません。」とくり返すのみでした。植村直己《うえむらなおみ》はそれを聞いて絶望《ぜつぼう》し、「地獄《じごく》へ落ちていくような気がした。」といいます。このときも「だまって登ってしまえ。」という悪魔《あくま》のささやきが聞こえたそうです。

その数日後、知人の紹介《しょうかい》で植村直己《うえむらなおみ》は管理事務所《かんりじむしょ》の所長に会うことができました。これが最後《さいご》のチャンスだと思った植村《うえむら》は、身ぶり手ぶりを交えながら自分の思いをぶつけました。

熱心《ねっしん》に耳をかたむけていた事務所長《じむしょちょう》は、話し終えた植村直己《うえむらなおみ》に大きな手を差《さ》し出《だ》して握手《あくしゅ》を求《もと》め、そして首をたてにふりました。

答えは「イエス。」でした。植村直己《うえむらなおみ》の思いが通じて、同じ時期に登山することになっていたアメリカ隊《たい》の一員として許可《きょか》する形で、例外的《れいがいてき》

▲単独登頂《たんどくとうちょう》に成功《せいこう》したマッキンリーの頂上《ちょうじょう》

にマッキンリーの単独《たんどく》登山が認《みと》められたのです。

そのおかげで、八月二六日、植村直己《うえむらなおみ》はマッキンリー単独登頂《たんどくとうちょう》を果《は》たし、世界初《せかいはつ》の五大陸最高峰登頂《たいりくさいこうほうとうちょう》の偉業《いぎょう》を成《な》しとげることができたのです。二九歳《さい》のときのことです。

実現《じつげん》するまでにずいぶん遠回りしたモン・ブラン登頂《とうちょう》も、そしてケニア山、アコンカグア、マッキンリーの登山許可《きょか》にまつわる苦労話《くろうばなし》も、すべて《意志《いし》あるところに道は開ける》という、第一六代アメリカ合衆国《がっしゅうこく》大統領《だいとうりょう》エイブラハム・リンカーンの言葉を実感させられる話だといえます。

五 なぜひとりの冒険《ぼうけん》にこだわるのか

登山許可《きょか》を取るのに、毎回のように苦労《くろう》したのには理由があります。それは、植村直己《うえむらなおみ》がつねに単独《たんどく》での登山許可《きょか》を申請《しんせい》していたからです。

ケニア山のときは、地元の警察署長《けいさつしょちょう》がいうように、道案内《みちあんない》や護衛役《ごえいやく》として四、五人の現地《げんち》の人を雇《やと》いさえすれば、すんなりと登山許可《きょか》は下りたはずです。

アコンカグアのときも、地元の警察官《けいさつかん》や兵士《へいし》たちに「ひとりで登れるはずがない。」「ひとりで登ろうなんてお前はバカか。」とさんざんいわれました。

マッキンリーは〝四人以下《いか》の登山は禁止《きんし》する〟という国立公園の規則《きそく》

があったため、一回目の登山申請《しんせい》は許可《きょか》されませんでした。二回目の登山申請《しんせい》も最初《さいしょ》は許可《きょか》されず、例外的《れいがいてき》に登山が認《みと》められたことは先に書いたとおりです。

北極圏《ほっきょくけん》一万二〇〇〇キロを単独走破《たんどくそうは》したときも、現地《げんち》の人たちから「ひとりで行くなんて死にに行くようなものだ。」とさんざんいわれました。「単独《たんどく》」ということにこだわらなければもっと簡単《かんたん》に許可《きょか》が下りたと思われますし、より安全に登山したり冒険《ぼうけん》したりすることができたはずです。にもかかわらず、なぜ植村直己《うえむらなおみ》は単独《たんどく》での登山や冒険《ぼうけん》にこだわったのでしょうか?

明治大学《めいじだいがく》の山岳部《さんがくぶ》時代から、植村直己《うえむらなおみ》は何度となく単独《たんどく》登山に出かけています。ですから、基本的《きほんてき》に単独《たんどく》行動が好《す》きだったのではないかということは考えられます。人と話すのが苦手だったので、ひとりきりのほうが気が楽だったのかもしれません。

はじめてモン・ブラン単独登頂《たんどくとうちょう》を試《こころ》みて、クレバスに転落して死ぬ思いをした直後はさすがに、氷河《ひょうが》のおそろしさも知らずに単独《たんどく》登山をしたことを反省《はんせい》しています。

しかし、その翌年《よくとし》（一九六五年）に参加《さんか》した明治大学山岳部《めいじだいがくさんがくぶ》のヒマラヤ遠征《えんせい》と、さらにその翌年《よくとし》（一九六六年）に成《な》しとげたモン・ブラン単《たん》独登頂成功《どくとうちょうせいこう》によって、単独行《たんどくこう》こそが自分の登山のスタイルだと思うようになったことが、のちに植村直己《うえむらなおみ》が出した本『青春を山に賭《か》けて』の中に書かれています。

明治大学山岳部《めいじだいがくさんがくぶ》のヒマラヤ遠征《えんせい》は、はじめて大学がヒマラヤに挑《いど》む登山プロジェクトであり、植村直己《うえむらなおみ》にとってはとまどうことの多い登山になりました。

遠征隊《えんせいたい》のメンバーは日本からやってきた七名とフランスのモルジンヌ村から飛《と》んできた植村直己《うえむらなおみ》の計八名。遠征隊員《えんせいたいいん》八名に対して、日本から

▲モン・ブランの頂上《ちょうじょう》へ

運んできた遠征用荷物《えんせいようにもつ》はひとつ三〇キロほどに梱包《こんぽう》されたものが一五〇個以上《こいじょう》。この荷物をすべて標高《ひょうこう》五〇〇〇メートル地点に設営《せつえい》するベースキャンプまで運ぶわけですが、もちろん遠征隊《えんせいたい》の八名で運びあげることはできません。現地《げんち》のシェルパ族ら約《やく》一五〇人をポーター（荷運び役）として雇《やと》い、三〇キロの荷物をひとりひとつずつ背負《せお》わせてベースキャンプを目指すのです。

三〇キロの荷物を背負《せお》って、黙々《もくもく》と山道を登り続《つづ》ける一五〇人のポーターのあとを、小さな軽いリュックを背負《せお》った八人の日本人隊員《たいいん》が、強烈《きょうれつ》な太陽の日ざしをさけるために日傘《ひがさ》を差《さ》し、のんびりと歩いて行く様《さま》を、「まるで大名行列のようだった。」と植村直己《うえむらなおみ》は表現《ひょうげん》しています。そして、「ほかの国の人の登山という遊びのために奉仕《ほうし》しなければならないネパールの人を気《き》の毒《どく》に思った」とも書いています。

こうした登山の仕方に、植村直己《うえむらなおみ》はとまどいを感じました。

ヒマラヤ遠征隊《えんせいたい》が目指したのは世界の最高峰《さいこうほう》エベレストの北西三五キロにそびえるゴジュンバ・カン峰《ほう》（七六四六メートル）。五〇〇〇メートルほどの高さにベースキャンプを設営《せつえい》したあと、その上に第一キャンプ、第二キャンプ、第三キャンプ、第四キャンプを設《もう》け、第四キャンプからアタック隊《たい》が頂上《ちょうじょう》を目指すという作戦《さくせん》でした。

苦楽をともにした遠征隊《えんせいたい》のうち、最終的《さいしゅうてき》に頂上に立てるのはアタック隊《たい》に選《えら》ばれた隊員《たいいん》だけです。途中《とちゅう》から遠征隊《えんせいたい》に参加《さんか》した植村直己《うえむらなおみ》は自分は頂上《ちょうじょう》に立たなくていい、縁《えん》の下の力持ちに徹《てっ》すればいいと考えていました。

ところが、氷の断崖絶壁《だんがいぜっぺき》（アイスフォール）に取りついて第一キャンプに荷上《にあ》げしているときに、大きな氷のかたまりが落ちてきて隊員《たいいん》のひとりが大ケガを負ってしまいます。

さらに第二キャンプのルート開拓中《かいたくちゅう》にも、落下してきた氷のかたまりで、現地《げんち》の案内人《あんないにん》が顔に二六針《はり》もぬう大ケガを負いました。身の危険《きけん》を感じたポーターの半分がベースキャンプから逃《に》げ出《だ》す事態《じたい》になりました。

登山中止の決定が下されてもおかしくない状況《じょうきょう》で、出発した第一次アタック隊《たい》三名が登頂《とうちょう》に失敗《しっぱい》し、もはやあとがない状態《じょうたい》で植村直己《うえむらなおみ》が第二次アタック隊《たい》二名のうちのひとりに選《えら》ばれ、この大役をみごと果《は》たしました。第四キャンプを出発してから一二時間後、夕闇《ゆうやみ》せまる午後五時五分、だれも登ったことのないゴジュンバ・カンの頂《いただき》に立ったのです。

しかし、植村直己《うえむらなおみ》はこの登頂《とうちょう》を素直《すなお》に喜《よろこ》ぶことができませんでした。人の手柄《てがら》を横取りしてしまったようないやな気持ちになったことと、やはりこのような登山スタイルが自分には合っていないことをあらためて感じたからでした。植村直己《うえむらなおみ》は次のように書いています。

このゴジュンバ・カンの登頂《とうちょう》の成功《せいこう》をみんな喜《よろこ》んだが、私《わたし》だけはこだわりがあって、どうしても心から同じように喜《よろこ》びにひたる気持ちにはなれなかった。私《わたし》が頂上《ちょうじょう》へ登ったといっても、この遠征《えんせい》隊《たい》が自分のものでなかったこと、それに他の隊員《たいいん》のようにこの遠《えん》征《せい》に出るため、骨身《ほねみ》を削《けず》ったわけではなかったからだ。会社の仕事のあと、徹夜《てつや》で計画し、準備《じゅんび》をした人たちと私《わたし》とは遠くへだたっていた。そして私《わたし》自身は他の隊員《たいいん》よりすべての面で劣《おと》っていると思う。自分はもっと自分をみがき上げ、自分という人間を作らねばならないことを、この遠征《えんせい》でさとった。私《わたし》がこのあと、強く単《たん》独遠征《どくえんせい》にひかれたのはまさにそのためだった。どんな小さな登山でも、自分で計画し、準備《じゅんび》し、ひとりで行動する。これこそ本当に満足《まんぞく》のいく登山ではないかと思ったのだ。（『青春を山に賭《か》けて』文藝春秋）

植村直己《うえむらなおみ》が単独行《たんどくこう》にこだわった理由は、まさにここに書かれているとおりだと思いますが、ケニア山の登山許可申請《きょかしんせい》をした際《さい》に、地元の警察《けいさつ》署長《しょちょう》に「どうしてひとりでケニア山に登るのだ？」と聞かれたときの返事もまた、植村直己《うえむらなおみ》が単独行《たんどくこう》を続《つづ》けた理由のひとつといえそうです。

このとき、山登りをしたことのない署長《しょちょう》に、何をいってもむだだとさとった植村直己《うえむらなおみ》は「ひとりで登るということは、つまり親しい相手が見あたらないためです。」と答えたのです。

言葉も通じない警察署長《けいさつしょちょう》に自分の思いを伝《つた》えるのが面倒《めんどう》になり、思わず口から出たその場しのぎの言葉とも思えますが、しかし、これは実際《じっさい》そのとおりともいえるでしょう。

親しい友人はもちろんいました。しかし、就職《しゅうしょく》するよりも外国の山に登ることのほうが大事だと考える植村直己《うえむらなおみ》、遠征費用《えんせいひよう》をかせぐためにアテもないのに単身《たんしん》アメリカへ渡《わた》ってしまう植村直己《うえむらなおみ》、ヨーロッパ・アルプスを皮切りにヒマラヤ遠征《えんせい》、アフリカ遠征《えんせい》、さらに南アメリカ遠征《えんせい》、北アメリカ遠征《えんせい》と世界中を飛《と》び回《まわ》り、四年五か月もの間、一度も日本に帰ってこなかった植村直己《うえむらなおみ》、そんな自由気ままな登山につき合ってくれる人などいるはずがないというものです。

北極圏《ほっきょくけん》一万二〇〇〇キロを犬ゾリで走破《そうは》したときも植村直己《うえむらなおみ》はひとりでしたが、日本を出発してから帰国するまでに一年半もかかる長旅につき合ってくれる人などいるはずがありません。他の人がとても真似《まね》できない登山や冒険《ぼうけん》に挑戦《ちょうせん》し続《つづ》けたからこそ、植村直己《うえむらなおみ》はいつもひとりきりだったのです。

理由はどうあれ、ひとりきりでの登山や冒険《ぼうけん》はそれ自体が大きな試練《しれん》です。何かあっても助けてくれる人がいない単独行《たんどくこう》はとても危険《きけん》です。それだけでなく、話し相手がだれもいない単独行《たんどくこう》は、非常《ひじょう》にさみしいものですし、こわいものです。そのさみしさやこわさに耐《た》えられなければ、とてもひとりきりで山に登ったり、北極圏《ほっきょくけん》を犬ゾリで走りぬくことなどできるものではありません。ひとりきりでも平気というのは、単独行《たんどくこう》を目指す登山家や冒険家《ぼうけんか》にとっては大切な資質《ししつ》なのです。

植村直己《うえむらなおみ》は、ひとりでいることをむしろ楽しんでいたようなところがありました。その楽しみを邪魔《じゃま》されたくなかったというのも、単独行《たんどくこう》にこだわった理由のひとつかもしれないと思えるほどです。

シュラフの中で夢《ゆめ》うつつに思い出にふけるのはなんとすばらしいことだろう。何ひとつ寂《さび》しくはなかった。（『青春を山に賭《か》けて』文藝春秋）

六 北極圏《ほっきょくけん》を犬ゾリで駆《か》けぬける

一九七〇（昭和四五）年八月、北米大陸《たいりく》の最高峰《さいこうほう》マッキンリーの山頂《さんちょう》に立った植村直己《うえむらなおみ》の胸《むね》の内《うち》にはさまざまな思いがうず巻《ま》いていました。世界五大陸《たいりく》の最高峰《さいこうほう》をすべて制覇《せいは》したことの喜《よろこ》びがあったことはいうまでもありません。そのうちエベレスト以外《いがい》はすべて単独登頂《たんどくとうちょう》だったことを誇《ほこ》りに思う気持ちもありました。信念《しんねん》さえあればなんでもできるという自信《じしん》にもあふれていました。

しかし、もっとも強かったのは「次は南極大陸単独横断《なんきょくたいりくたんどくおうだん》だ！」という思いでした。数年前から〝人生最後《さいご》の夢《ゆめ》〟とぼんやり思いえがいていた南極大陸単独横断《なんきょくたいりくたんどくおうだん》が、このときはっきりとした夢《ゆめ》になり、新しい目標《もくひょう》に変《か》わったのでした。

この話はいかにも植村直己《うえむらなおみ》らしいといえます。植村直己《うえむらなおみ》にとって、夢《ゆめ》の終わりは、つねに新しい夢《ゆめ》のはじまりなのです。つねに夢《ゆめ》を見続《みつづ》けていなければ、つねに夢《ゆめ》を追いかけ続《つづ》けていなければ、植村直己《うえむらなおみ》は「登山家・植村直己《うえむらなおみ》」「冒険家《ぼうけんか》・植村直己《うえむらなおみ》」で居続《いつづ》けることができないのです。それが登山家として、冒険家《ぼうけんか》としての植村直己《うえむらなおみ》の宿命なのでした。

南極大陸単独横断《なんきょくたいりくたんどくおうだん》の夢《ゆめ》は最後《さいご》までかないませんでしたが、そのかわりに植村直己《うえむらなおみ》は犬ゾリによる北極圏《ほっきょくけん》一万二〇〇〇キロ走破《そうは》、北極点単独到達《ほっきょくてんたんどくとうたつ》、グリーンランド縦断《じゅうだん》という前人未踏《ぜんじんみとう》の大冒険《だいぼうけん》を成《な》しとげました。

北極《ほっきょく》を舞台《ぶたい》にした犬ゾリによる単独行《たんどくこう》は、それまでに体験《たいけん》した五大陸《たいりく》の最高峰登頂《さいこうほうとうちょう》やイカダによるアマゾン川の川下りなどに比《くら》べても、より厳《きび》しい自然《しぜん》との闘《たたか》いの連続《れんぞく》でした。死に直面するような危険《きけん》な場面も何度かありました。

北極《ほっきょく》の自然《しぜん》で何といっても厳《きび》しいのはその気候《きこう》です。北極《ほっきょく》では六月から八月にかけての一、二か月が夏で、この間は太陽が一日中地平線に沈《しず》まない白夜《びゃくや》が続《つづ》き、気温はれい度前後にまで上昇《じょうしょう》し、場所によっては雪や氷がとけて地面が顔を出し、植物が咲《さ》き乱《みだ》れたりもします。

この時期は寒さは気になりませんが、海の氷がとけて割《わ》れ、もうその上を走れなくなります。あちこちに水たまりができ、水たまりだと思ってソリを進めると薄《うす》くなっていた氷が割《わ》れて海に落ちる……そんな危険《きけん》が待ち受けていたりもします。

グリーンランド西岸のケケッタという集落からアラスカのコツビューまで、北極圏《ほっきょくけん》一万二〇〇〇キロを犬ゾリで単独走破《たんどくそうは》する冒険《ぼうけん》の途中《とちゅう》、植《うえ》村直己《むらなおみ》もそんな危《あぶ》ない経験《けいけん》をしました。

▲犬ゾリで北極点上《ほっきょくてんじょう》を走行する

スタートしてから半年ほどが過《す》ぎ、夏が近づいている気配を感じはじめた五月末《すえ》のことでした。

深い水たまりだと思ってそのままソリを進めたところ、そこは海まで通じる氷の穴《あな》でした。それとも知らずに、犬たちが泳ぎ渡《わた》りはじめてしまったので、ソリは先端《せんたん》からズブズブと海の中に沈《しず》みかけました。植村直己《うえむらなおみ》はあわてて水の中に飛《と》びこみ、すでに向こう側《がわ》に渡《わた》りきっていた犬のひき綱《づな》をつかんで氷の上にはいあがり、犬といっしょになって沈《しず》みつつあるソリを懸命《けんめい》に氷の上に引《ひ》っ張《ぱ》りあげました。

ソリが完全《かんぜん》に水没《すいぼつ》し、食糧《しょくりょう》その他すべての装備《そうび》を失《うしな》うようなことにでもなれば冒険《ぼうけん》はそこでおしまい。植村直己《うえむらなおみ》の命運もそこでつきていたかもしれません。

短い夏の一、二か月以外《いがい》は、北極《ほっきょく》は厳《きび》しい冬がずうっと続《つづ》きます。マイナス二〇度、マイナス三〇度、ときにはマイナス四〇度以下《いか》にもなる厳《きび》しい厳《きび》しい冬です。

しかも真冬の一二月、一月ごろは日中も太陽が昇《のぼ》らない極夜《きょくや》（白夜《びゃくや》の反対をこういいます）が続《つづ》きます。

二か月近く続《つづ》くマイナス四〇度の雪と氷の世界、星とオーロラの下で地図と磁石《じしゃく》をたよりに、ゴール目指して犬ゾリを走らせている植村直己《うえむらなおみ》の姿《すがた》を想像《そうぞう》してみてください。それだけで、北極圏《ほっきょくけん》を舞台《ぶたい》にした犬ゾリによる単独行《たんどくこう》がどれだけ大変《たいへん》な大冒険《だいぼうけん》かがわかるというものです。

犬ゾリ単独行《たんどくこう》の旅ではじめて太陽を見たとき、植村直己《うえむらなおみ》は次のように書いています。

南の海氷の水平線の上に、大きな赤い太陽が昇《のぼ》った。あたりに乱《らん》立《りっ》する氷山は、長い暗闇《くらやみ》から純白《じゅんぱく》の姿《すがた》をくっきりと現《あら》わし、側面《そくめん》がオレンジ色に染《そ》まった。太陽が万物の上に立つ神だというのは、ほんとうだ。太陽が輝《かがや》き、すべてのものがはっきりと見わたせるのは、何という喜《よろこ》びだろう。(『北極圏《ほっきょくけん》1万2000キロ』山と溪谷社)

マイナス四〇度以下《いか》にもなる寒さにもたえられるように、植村直己《うえむらなおみ》は毛糸や毛皮の服を何重にも着こんでいました。

ウール(羊の毛)の肌着《はだぎ》の上にカシミア(山羊《やぎ》の毛)のシャツ、セーター、登山用のウィンドヤッケ、ダウンジャケットを重ね着し、シロクマの毛皮のズボンをはき、頭にはふさふさの羊の毛の帽子《ぼうし》、足には犬の皮の内靴《うちぐつ》の上にアザラシの毛皮の靴《くつ》、手には毛糸の手袋《てぶくろ》の上にアザラシの毛皮の手袋《てぶくろ》をはめました。

それでもなお極寒《ごっかん》の北極《ほっきょく》は植村直己《うえむらなおみ》を震《ふる》えあがらせました。寒さとの闘《たたか》いは、次のようになまなましく記録《きろく》されています。

・一九七五（昭和五〇）年二月一六日。気温マイナス三〇度を超《こ》す寒さの中でソリを走らせていると――。

寒さを通《とお》り越《こ》して、皮膚《ひふ》が痛《いた》くなる。南東から吹《ふ》く冷《つめ》たい風が、体温をうばった。ムチを持つ手、足先、顔、とくに鼻が切れ落ちるのではないかと思うほど痛《いた》む。橇《そり》をとび降《お》り、手袋《てぶくろ》をはずし、素手《すで》で鼻の頭をつかんで温める。その間、息をとめる。息をすると、息のかかった手にたちまち霜《しも》がついてしまうのだ。息をするときは手をはなし、また息をとめて鼻先をつかむ。手を鼻にあてている間は、蜂《はち》に刺《さ》されたような痛《いた》みはとれる。しかし、一分もしないうちに今度は手が痛《いた》み出《だ》してくる。素速《すばや》く反対の手と交替《こうたい》させ、痛《いた》んだ手をズボンの下に入れて、睾丸《こうがん》をつかんで温める。手が温まったところで手袋《てぶくろ》をはめなおす。（『北極圏《ほっきょくけん》1万2000キロ』山

と溪谷社）

・一九七六（昭和五一）年一月二七日。この旅の最低《さいてい》気温マイナス五一度を記録《きろく》──。

鼻先、頬《ほお》の凍傷《とうしょう》は感覚《かんかく》がなく痛《いた》みは感じないが、顔でただれていない部分が、どうしようもなく痛《いた》い。そしてそれもだんだん感覚《かんかく》をなくしてゆき、痛《いた》い部分が顎《あご》の方へと移《うつ》ってゆく。顔の凍傷《とうしょう》はそれほど恐《おそ》れることはない。それより危険《きけん》なのは、橇《そり》に横向きに座《すわ》っていると襲《おそ》ってくる足先の痛《いた》みだ。厳冬期《げんとうき》、グランドジョラス北壁《ほくへき》を登攀《とうはん》中に、仲間《なかま》が手足の指を失《うしな》った経験《けいけん》がある。足の指の凍傷《とうしょう》は顔とちがい、血行が止まると回復《かいふく》がなく、下手をすると切断《せつだん》しなければならないことを知っている。

あわてて橇《そり》から下り、数をかぞえながら一〇〇歩走った。最初《さいしょ》の五十歩は、身体《からだ》は冷《ひ》え、足がしびれたような感覚《かんかく》でつらいが、そのうちに足先の痛《いた》みがぶり返し、次第に温まってくる。しかし走っているると今度は鼻の中の毛が凍《こお》りつくので、一〇〇歩かぞえたところで橇《そり》にとび乗り、カリブーの手袋《てぶくろ》で顔を覆《おお》うということになる。

（『北極圏《ほっきょくけん》1万2000キロ』山と溪谷社）

生命をもおびやかしかねない極地《きょくち》の寒さは、犬ゾリ単独行《たんどくこう》の間中さまざまな場面で植村直己《うえむらなおみ》に不自由《ふじゆう》で不便《ふべん》な思い、つらく大変《たいへん》な思いを強《し》いることにもなります。

たとえばお風呂《ふろ》。テント生活ですからお風呂《ふろ》もシャワーもないのはもちろんですが、コンロで雪をとかしてお湯をわかし、体をふくくらいのことはしようと思えばできます。しかし、寒すぎて裸《はだか》になる気がしませんし、下手に体をぬらしたりしたらたちどころに体がバリバリ凍《こお》りついて大変《たいへん》なことになります。

旅の途中《とちゅう》、エスキモーの家に泊《と》めてもらった際《さい》に、何度かシャワーを浴《あ》びたことがありますが、いちばん長くて四か月間体を洗《あら》うこともふくこともない生活が続《つづ》きました。

なお、エスキモーというのは、アラスカやカナダ、グリーンランドなどの北極《ほっきょく》に近いところに住み、狩猟《しゅりょう》で生活してきた人びとのことです。今は、エスキモーと呼《よ》ぶ地域《ちいき》は限定《げんてい》され、たとえばカナダではイヌイット、グリーンランドではカラーリットと呼《よ》びますが、植村直己《うえむらなおみ》が親しみをこめて現地《げんち》の人びとをエスキモーと呼《よ》んでいたことにならい、この本でも同じように表しています。

寒くて洗濯《せんたく》もできません。水にぬらしたとたんに洗濯物《せんたくもの》が凍《こお》りついてしまい、二度と着れなくなってしまうからです。ですからシャツやセーター、ズボンなどは一度身につけたらずっと着たまま。下着はさすがに汚《よご》れたものは捨《す》てて、新しいものを着るつもりでしたが、それすら長いこと着たまま、はいたままで、垢《あか》がこびりついてよごれ放題によごれていました。

「あまりに寒く、毎朝のつとめである大便《だいべん》がとくに応《こた》えた。」などとも書いています。

まず風向きを見て、風の当たらないソリのかげに立ち位置《いち》を決め、ズボンをおろすのですが、これが一苦労《ひとくろう》。ズボンをおろすためにはズボンつりのボタンを合計六つはずさなければならないのですが、手袋《てぶくろ》を取って素手《すで》でボタンをはずし終わるころには、手がかじかんで感覚《かんかく》がなくなっています。ボタンをはずしたらすぐにしゃがみこみ、同時に両手をズボンの中に入れて温めます。

その後、立ちあがってズボンを引きあげ、ボタンをはめ終わるまでを一分足らずで済《す》ませるのが北極《ほっきょく》におけるトイレ術《じゅつ》の極意《ごくい》。まだ出そうだなと思っても、長い時間しゃがんでいると丸出しのおしりが凍《こお》りついてしまうので、さっさと切りあげなければならないのです。

寒さとともに植村直己《うえむらなおみ》を苦しめた北極《ほっきょく》の自然《しぜん》、それは雪と氷で形作られた北極《ほっきょく》の地形でした。北極《ほっきょく》を疾走《しっそう》する犬ゾリをイメージしたとき、多くの人の頭に思いうかぶのはまるでスケートリンクのような真っ平らな氷の上をすべるように走るソリのイメージでしょう。あるいはトナカイのソリに乗って雪原を走るサンタクロースを思いうかべる人もいるかもしれません。

実際《じっさい》の北極《ほっきょく》は山あり谷あり、波状《なみじょう》に折《お》り重《かさ》なった氷帽《ひょうぼう》（氷河《ひょうが》の塊《かたまり》）あり、大小さまざまな氷《こおり》の塊《かたまり》がでこぼこしている乱氷帯《らんぴょうたい》あり*で、犬ゾリは

*乱氷帯《らんぴょうたい》　海の上の氷がぶつかりあって山になっているところ。

何度も何度も行く手をはばまれて立《た》ち往生《おうじょう》し、そのたびに死《し》にもの狂《ぐる》いになって北極《ほっきょく》の自然《しぜん》に立ち向かっていかなければなりませんでした。自然《しぜん》の驚異《きょうい》を目の前にして「死」の一文字が頭にうかぶこともありました。

垂直《すいちょく》に黒々《くろぐろ》とそそり立つ岩壁《がんぺき》は、高さ三〇〇メートルは優《ゆう》にあるだろう。暮《く》れ残《のこ》る空の下に果《は》てしなく続《つづ》く氷の海——異様《いよう》な光景《こうけい》だ。ここが私《わたし》にとっての生と死の境《さか》い目《め》なのかもしれぬという思いが胸《むね》をしめつける。

今日までに、山も知らずに山岳部《さんがくぶ》に入り、言葉も知らずに外国へ無銭《むせん》旅行に出かけ、アマゾンをイカダで下り、無謀《むぼう》としかいいようのないことを重ねてきた。しかし、明日から入る世界は、これまでで最《もっと》も危険《きけん》で苛酷《かこく》な世界であるだろう。たとえば、この旅を終えた自分が、もとの自分とは違《ちが》った人間に変身《へんしん》しているような……。もちろん、生きて帰れたとしたら、の話だが。(『北極圏《ほっきょくけん》1万2000キロ』山と溪谷社)

乱氷帯《らんぴょうたい》には氷がゴロゴロ転がっていて、一辺《いっぺん》が二メートル近くある大きなかたまりもあれば、五〇〜六〇センチのかたまりもありました。大きな氷はソリの行く手をふさぎ、とがった氷は犬の足裏《あしうら》を切ったり、突《つ》きさしたりしました。

旅の後半、植村直己《うえむらなおみ》は氷片《ひょうへん》で犬が足を痛《いた》めないようにと、犬のための足袋《たび》を縫《ぬ》うのがほぼ日課《にっか》になっていました。

七　エスキモー犬たちの大冒険《だいぼうけん》

北極圏《ほっきょくけん》一万二〇〇〇キロを走破《そうは》するために使ったソリは、エスキモーの老人《ろうじん》が三日がかりで作ってくれたものでした。

全長三・二メートル、幅《はば》〇・九メートル。二本のランナー*は木の厚《あつ》さ約《やく》二・五センチ。底《そこ》に鉄板をはり、釘《くぎ》でとめてあります。ランナーの上に厚《あつ》さ約《やく》一・五センチの木板を十数枚《すうまい》わたしてひもでしばりつけ、ランナーの最後部《さいこうぶ》の左右に一本ずつ長い棒《ぼう》を立て、二本の棒《ぼう》の上部に棒《ぼう》一本を横にしばりつけただけの簡単《かんたん》な構造《こうぞう》のソリです。

旅に必要《ひつよう》な装備品《そうびひん》や食糧《しょくりょう》をすべてこのソリに積《つ》みこみます。

防寒用《ぼうかんよう》に生地《きじ》が四重に張《は》られたテント、シート、シュラフ(寝《ね》ぶくろ)、

*ランナー　側板《そくばん》。ソリで、スキーの板のように雪の上をすべらせる部分のこと。

ピッケル（つるはしのついた登山用のつえ）、ザイル（ロープ）五〇メートル、登山用携帯《けいたい》ガソリンストーブ一個、ストーブ用灯油《とうゆ》二〇リットル、鍋《なべ》一個《こ》、ムチ、犬の胴《どう》バンド*予備《よび》、カメラ、八ミリカメラ、替《か》え衣《い》装《しょう》、修理具《しゅうりぐ》、釣り具《つりぐ》、氷に穴《あな》を開けるノミのついた棒《ぼう》、アザラシをつかまえるための網《あみ》、銛《もり》、薬品、食糧《しょくりょう》。食糧《しょくりょう》は自分用の紅茶《こうちゃ》、コーヒー、砂《さ》糖《とう》、ビスケット、そして自分と犬兼用《いぬけんよう》のアザラシ、セイウチ、クジラ、トナカイ、サメ、オヒョウの肉などなど。

食糧《しょくりょう》をどれだけ積《つ》むかによってちがってきますが、総重量《そうじゅうりょう》は三〇〇キロ前後から多いときで五〇〇キロほどになりました。それを十数頭の犬がひいて走るのです。

氷の状態《じょうたい》がよければ一日に六〇キロほども走ります。平らな氷の上をゴトゴトと音を立てて走るソリは、奇妙《きみょう》にも乗《の》り心地《ごこち》がいいと植村直己《うえむらなおみ》は書いています。

*胴《どう》バンド　ソリをひかせるために犬にとりつける用具。

▲北極圏《ほっきょくけん》1万2000キロの旅で使った犬ゾリ

当時エスキモーの間でもスノーモビル（小型雪上車《こがたせつじょうしゃ》）がかなり普及《ふきゅう》していて、便利《べんり》な交通手段《しゅだん》としてはもちろん、ソリをひくのにもスノーモビルが使われていました。

にもかかわらず植村直己《うえむらなおみ》が犬ゾリにこだわったのは、現地《げんち》の人びとが長い間使ってきたのと同じものを使うことが、冒険《ぼうけん》の成功《せいこう》につながると考えていたからです。もしスノーモビルがこわれたときは、植村直己《うえむらなおみ》がそれを修理《しゅうり》することはできません。その点、犬ゾリは犬が走ってくれますし、一、二頭が死んでも他の犬がカバーしてくれます。

そしてまた、冒険《ぼうけん》にロマンを求《もと》めたということもあるかもしれません。サンタクロースだって、トナカイがひくソリに乗っているからこそロマンチックなのであって、もしサンタクロースがスノーモビルにまたがっていたらちょっとがっかりしてしまうというものです。

ソリをひくのはエスキモー犬（ハスキー犬）です。寒さに強く、長距《ちょうきょ》離《り》を走り続《つづ》けることができる強い体力と持久力《じきゅうりょく》をあわせ持った大型犬《おおがたけん》です。北極圏走破《ほっきょくけんそうは》の成否《せいひ》は、エスキモー犬たちが歯を食いしばって懸命《けんめい》に走り続《つづ》けてくれるかどうかにかかっています。ですから、ドッグチームを組むときは細心の注意をはらいました。

犬を手に入れるとき、いちばん大事なのはいっしょに飼《か》われている兄弟犬をまとめて買うことです。ボス犬がすでに決まっているので犬どうしのケンカを防《ふせ》げますし、バラバラになって逃《に》げることがないという利《り》点《てん》があるからです。それに加《くわ》えてソリをひいた経験《けいけん》があること、二歳《さい》以上《じょう》で若《わか》い犬であること、強くて元気そうな犬（足が太く、胸《むね》が大きく、毛づやがいい）であることなどが条件《じょうけん》になります。

また、メス犬はチームのうち一、二頭にとどめることも、チームを組むときの大事なポイントになります。メス犬が多いと、メス犬をめぐるオス犬どうしの乱闘《らんとう》がたびたび起き、まとまりがつかなくなってしまうからです。

このような条件《じょうけん》に照《て》らし合わせて、植村直己《うえむらなおみ》は一万二〇〇〇キロの旅の出発点であるグリーンランドのヤコブスハウン（今のイルリサット）でオス一一頭、メス一頭、計一二頭のエスキモー犬を手に入れました。

この一二頭が扇状《おうぎじょう》になるようにひき綱《づな》をソリに結《むす》びつけます。一二頭の先頭に立ち、他の犬を誘導《ゆうどう》するリーダー犬のひき綱《づな》だけは一メートルほど長くしておきます。

犬の選《えら》び方《かた》や扇状《おうぎじょう》の隊列《たいれつ》の組み方、そしてもちろん犬に対する指示《しじ》の出し方、あつかい方などは事前にエスキモーに習い、練習をしていましたが、いざ本番となるとなかなかうまくいきませんでした。主人になつこうとせず、指図どおりに走ろうとしない犬たちを相手に悪戦苦闘《あくせんくとう》することになるのでした。

犬たちを指図どおりに走らせるためには優《すぐ》れたリーダー犬の存在《そんざい》が欠《か》

かせません。

いちばんはじめはドッグチームの中でもっともケンカに強い犬をリーダー犬に選《えら》び、この犬のひき綱《づな》だけ一メートルばかり長くして先頭を走らせました。ところが、このボス犬はリーダー役にはまったく向いていませんでした。指示《しじ》どおりに走ろうとせず、それどころか反抗《はんこう》してソリをひこうともしなかったからです。

次にドッグチームの中でいちばん利口《りこう》そうな犬をリーダー役にしました。しかし、この犬はあまりにケンカが弱く、一メートルあとから追う他の犬に追いつかれ、かみつかれ、恐《おそ》れをなして他の犬のかげにかくれてしまう始末《しまつ》で、これまたリーダー犬失格《しっかく》でした。

三番目にリーダー犬に選《えら》んだのは、ドッグチーム中でただ一頭のメス犬でした。このメス犬も植村直己《うえむらなおみ》の指示《しじ》にはほどんど従《したが》いませんでしたが、先頭を走るメス犬を追ってオス犬たちがよく走るようになったので、このメス犬をリーダー犬にし、エスキモーの言葉で女性《じょせい》を意味する〝アンナ〟と名づけました。

北極圏《ほっきょくけん》で生まれ育ったアンナ率《ひき》いるドッグチームにとっても、北極圏《ほっきょくけん》一万二〇〇〇キロの旅は大変厳《たいへんきび》しいものでした。

「もっと速く走れ！」「もっと強くソリを引《ひ》っ張《ぱ》れ！」という言葉のかわりに、植村直己《うえむらなおみ》は五メートル近いムチをふって、エスキモー犬をふるいたたせました。

スタートしてはじめの間は、なついていない犬たちが指示《しじ》どおりに走らなかったため、一日中ムチをふるい続《つづ》けました。ときに棒《ぼう》をふり回したりもしました。強い犬はムチが当たったり棒《ぼう》でたたかれたりすると八つ当たりして弱い犬にかみつき、弱い犬はムチにたたかれては鳴き、強い犬にかまれては鳴き、一日中鳴きながら走り続《つづ》けるのでした。

つかれきって走れなくなり、氷の上にうずくまってしまった犬たちにもムチをふり、棒《ぼう》でたたきました。ともに生きのびるため、北極圏《ほっきょくけん》一万二〇〇〇キロを走破《そうは》するために、そうするしかなかったのです。犬たちに同情《どうじょう》していては、自分が死んでしまうかもしれないのですから。自分も犬もともに生きのびるには、何が何でも犬たちに懸命《けんめい》に走ってもらわなければならないのです。

つかれてくるとムチはうまくふれず、犬に当たらなくなります。寒さが厳《きび》しいとムチが凍《こお》って思うようにしならず、やはり犬に当たらなくなります。それでもなおムチをふると、おかしな具合にハネ返って、自分の顔に当たることもめずらしくありませんでした。焼《や》けつくような痛《いた》みが走り、当たったところがミミズばれになりました。

犬たちにとっては、ソリが凶器《きょうき》になることもありました。急な氷の斜《しゃ》面《めん》をソリがすべり下りるとき、加速《かそく》のついたソリが前を行く犬たちに追いつき、犬たちを下敷《したじ》きにして引きずりながらすべり落ちていく——そんなことが何度かありました。

ソリの下敷《したじ》きになったり、凍《こお》りついてナイフのようになった胴《どう》バンドで首のつけ根を深く切ったり、乱氷帯《らんぴょうたい》の氷で足の裏《うら》を切ったり、他の犬にかみつかれたり、犬たちはまさに全身傷《きず》だらけでした。しかも、いつもいつもお腹《なか》をすかせていました。

北極圏《ほっきょくけん》一万二〇〇〇キロの旅は、エスキモーの集落をたどりながら進みます。

出発するときは、次の目的地《もくてきち》までかかるであろう日数を計算して、それに見合う食糧《しょくりょう》（アザラシ、セイウチ、クジラ、トナカイ、オヒョウなどの肉）をソリに積《つ》むのですが、積《つ》むのはいつも最低限《さいていげん》の食糧《しょくりょう》だけでした。余分《よぶん》に積《つ》めばそれだけソリの重量《じゅうりょう》が増《ま》し、犬に負担《ふたん》がかかるからです。

しかし、多くの場合、予定どおりに目的地《もくてきち》に着くことはありませんでした。乱氷帯《らんぴょうたい》に行く手をはばまれたり、目も開けられないブリザード（地吹雪《じふぶき》）で立《た》ち往生《おうじょう》したり、進路をまちがえたりして予定がおくれ、そのたびに食糧《しょくりょう》が不足《ふそく》して、犬たちも、そして植村直己《うえむらなおみ》自身もひもじい思いをしていたのです。

食糧《しょくりょう》がなくなる前にライフルでアザラシを撃《う》ち、カリブー（トナカイ）を撃《う》ち、オヒョウを釣《つ》って食糧《しょくりょう》にする……そうするつもりでした。実際《じっさい》、そうやって食事にありつけたこともありました。

ただ、狩《か》りに失敗《しっぱい》し、魚も釣《つ》れないということになると、犬を殺《ころ》して共食《ともぐ》いさせて生きのびるしかないかと、追いつめられて考えることもありました。

大変《たいへん》な旅を強《し》いられた犬たちが、なかなか植村直己《うえむらなおみ》になつかなかったのは当然《とうぜん》でしょう。なつかないどころか、犬たちはすきがあれば逃《に》げだそうと思っていました。

実は、旅をはじめて四日目には、早くも一頭の犬に逃《に》げられてしまいます。

ここで逃《に》げても、おそらく野たれ死にしかないだろうに。だが、もし全部の犬が私《わたし》を置《お》き去《ざ》りにして逃《に》げてしまったら、野たれ死にするのはこの私《わたし》だと思うと、ゾッとせずにはいられなかった。

（『北極圏《ほっきょくけん》1万2000キロ』山と溪谷社）

ゾッとするようなおそろしい想像《そうぞう》は、一か月もしないうちに現実《げんじつ》のものになってしまいます。

ソリを走らせているうちにひき綱《づな》がこんがらがってしまい、ほつれを解《と》くためにソリを止めてひき綱《づな》をほどいた瞬間《しゅんかん》、犬たちがいっせいに走り出して極夜《きょくや》のかなたへ消えて行ってしまったのです。一頭残《のこ》らずすべての犬がいなくなってしまったのでした。暗闇《くらやみ》の中にただひとり残《のこ》されたのです。

百戦錬磨《ひゃくせんれんま》の冒険家《ぼうけんか》もソリの上にへなへなと座《すわ》りこみました。頭の中は真っ白で、「どうしよう、どうしよう、どうしよう。」という思いが空回りするだけでした。

少し落ち着きを取りもどした植村直己《うえむらなおみ》はソリを捨《す》て、歩いて次の目的《もくてき》地《ち》を目指すことを決意しました。最小限《さいしょうげん》の荷物——テント、シュラフ、石油コンロ、少量《しょうりょう》の肉、地図と磁石《じしゃく》を背負《せお》って、六〇キロ以上《いじょう》先のエスキモーの集落まで歩こうと決めたのです。ジッとしていてもだれも助けに来てくれません。マイナス四〇度の極寒《ごっかん》の中、ただ凍死《とうし》するのを待つだけです。六〇キロ以上《いじょう》歩くことができるかどうかわかりませんでしたが、生きるためには歩くしかありません。

覚悟《かくご》を決めてソリから荷物をおろそうとしたそのとき、闇《やみ》の中から影《かげ》のようなものが飛《と》び出《だ》してきました。リーダー犬のアンナです。アンナが犬五頭を引《ひ》き連《つ》れて帰ってきたのです。

植村直己《うえむらなおみ》は飛《と》びあがって喜《よろこ》びました。すぐにアザラシの肉をナタで割《わ》り、六頭の犬にごほうびとしてあたえました。もしかしたら他の犬ももどってくるかもしれないと期待してしばらく待ちましたが、残念《ざんねん》ながら他の犬はもどってきませんでした。

一時間後、植村直己《うえむらなおみ》はエスキモー集落目指して出発しました。六頭の犬では三〇〇キロ近い荷物を積《つ》んだソリをひくことができないため、植《うえ》村直己《むらなおみ》はソリの後ろに回ってソリを押《お》しました。いなくなった犬の分の力を、自分が出さなければなりません。顔から汗《あせ》が流れ、アゴのあたりで凍《こお》りました。一〇〇メートルも押《お》すと息が切れますが、かといって止まると体中の汗《あせ》が冷《ひ》えて、凍《こお》りついてしまいそうです。

歩きはじめて一三時間後、暗闇《くらやみ》のかなたに灯《あか》りが見えてきました。エ

▲もどってきたリーダー犬アンナ

スキモーの集落、ウパナビックに無事《ぶじ》にたどり着くことができたのでした。生きのびることができたのでした。

その後も、犬の逃走《とうそう》は何度かありましたが、旅も中盤《ちゅうばん》以降《いこう》になると犬たちもそれなりになつくようになっていたため、わりとやすやすとつかまえることができたり、あるいは口笛をふくとしっぽをふってもどってきたりで、死を覚悟《かくご》するような大事にはいたりませんでした。

犬がなついてくるようになると、植村直己《うえむらなおみ》の犬に対する気持ちも大きく変化《へんか》していきました。

はじめは、自分でもむごいと思うほど、犬を無理《むり》やり働《はたら》かせました。十分な食糧《しょくりょう》もあたえず、ムチをふるい、棒《ぼう》でたたきました。犬がいうことを聞かなかったり、逃《に》げたりしたときは、イライラする気持ちをそのまま犬たちにぶつけました。途中《とちゅう》で犬が死んでも、悲しむこともありませんでした。

けれど、だんだん植村直己《うえむらなおみ》は、犬たちを自分が養《やしな》っている家族のように感じてきたのです。もちろん、犬たちにがんばってもらわないといけないときは、棒《ぼう》でたたくこともありましたが、それは憎《にく》しみをぶつけるのではなく、はげまし、元気づけるという気持ちによるものでした。

犬を自分の家族だと思うようになると、きびしく接《せっ》してきた犬に対する申《もう》し訳《わけ》なさや、自分に対する嫌悪感《けんおかん》のようなものも、植村直己《うえむらなおみ》は感じるようになったのでした。

北極圏《ほっきょくけん》一万二〇〇〇キロを走破《そうは》し、最終目的地《さいしゅうもくてきち》であるアラスカのコッビューに着いたとき、ソリをひいていたのは九頭の犬でした。このうち五頭はエスキモーに引き取られていきましたが、リーダー犬のアンナをふくめた四頭を植村直己《うえむらなおみ》は日本に連《つ》れて帰りました。苦しい体験《たいけん》をともにし、家族のように思うようになった犬たちと別《わか》れるのがつらかったからです。帰国後、アンナともう一頭は北海道の旭山動物園《あさひやまどうぶつえん》に、残《のこ》り二頭はおびひろ動物園に引き取ってもらいました。

六年後の一九八二年、植村直己《うえむらなおみ》は〝人生最後《さいご》の夢《ゆめ》〟と思い続《つづ》けていた冒険《ぼうけん》を実現《じつげん》するため南極《なんきょく》へ渡《わた》ります。このとき、動物園に引き取られたエスキモー犬の間に生まれた二世犬四頭を、いっしょに南極《なんきょく》へ連《つ》れて行きました。残念《ざんねん》ながら南極《なんきょく》の夢《ゆめ》は実現《じつげん》せず、二世犬四頭が親子二代にわたって植村直己《うえむらなおみ》のソリをひくことはありませんでしたが。

一九八六年九月、植村直己《うえむらなおみ》がマッキンリーで遭難死《そうなんし》した二年後、アンナは旭山動物園《あさひやまどうぶつえん》で老衰死《ろうすいし》しました。その標本《ひょうほん》は、植村直己《うえむらなおみ》の遺品《いひん》や写真を集めたおびひろ動物園に今も保管《ほかん》されています。

八　冒険家《ぼうけんか》に求《もと》められるのは夢《ゆめ》を見続《みつづ》ける力

地球規模《きぼ》の自然《しぜん》を相手に命がけの挑戦《ちょうせん》をくり返し、数々《かずかず》の偉業《いぎょう》を成《な》しとげ、世界的《せかいてき》な冒険家《ぼうけんか》として歴史《れきし》にその名を残《のこ》している植村直己《うえむらなおみ》ですが、植村直己《うえむらなおみ》自身は〝特別《とくべつ》な人〟だったわけではありません。

等身大の植村直己《うえむらなおみ》はごくごく平凡《へいぼん》な人でした。自分でもそう自覚《じかく》していたからでしょう、〝五大陸《たいりく》の最高峰《さいこうほう》を踏《ふ》んだ登山家〟などといわれると「すごく恥《は》ずかしい。」と書《か》き残《のこ》しています。

人がうらやむような能力《のうりょく》や才能《さいのう》にめぐまれていたわけではありませんが、そんな植村直己《うえむらなおみ》にも他の人にはなかなか真似《まね》のできない能力《のうりょく》がありました。

それは環境適応力《かんきょうてきおうりょく》です。わかりやすくいえば、現地《げんち》の人と仲《なか》よくなることができる能力《のうりょく》であり、現地《げんち》の人と同じものが食べられる能力《のうりょく》です。数か月、十数か月におよぶ長期の冒険《ぼうけん》の場合には、この環境適応力《かんきょうてきおうりょく》がきわめて重要《じゅうよう》になります。

とくに現地《げんち》の人と同じものを食べることはとても大事です。同じものを食べることによって現地《げんち》の人と仲《なか》よくなることもできますし、それよりも何よりも、何でも食べられるようでなければ、冒険《ぼうけん》を続《つづ》けるための体力がもたないからです。〝腹《はら》が減《へ》っては戦《いくさ》はできぬ〟という言葉があるとおりです。極端《きょくたん》な話、「日本食しか食べられない。」などといっていたら、世界各地《かくち》を渡《わた》り歩《ある》く登山家、冒険家《ぼうけんか》には絶対《ぜったい》になれません。

エベレスト遠征隊《えんせいたい》の偵察隊員《ていさつたいいん》として標高《ひょうこう》三八〇〇メートルのクムジュン村でシェルパ族の家に泊《と》まっていたときは、朝はいつも切ったジャガイモが入っている、とうがらしと塩《しお》で味つけしたからい汁《しる》とツァンパ（麦を炒《い》って粉《こな》にしたもの）、昼は炒《い》ったトウモロコシかゆでたジャガイモ、そして夜はたいていジャガイモとツァンパ……毎日がそのくり返しでした。

あるとき村長や村の有力者に招《まね》かれたときはロティという料理《りょうり》が出てきました。ジャガイモをすってツァンパとまぜ合わせてクレープのように焼《や》いたものの上に、ヤクのミルクで作ったバターをのせ、岩塩《がんえん》ととうがらしの粉《こな》をふりかけた料理《りょうり》です。バターのクセのあるにおいととうがらしの辛《から》さで、はじめは喉《のど》を通りませんでしたが、無理《むり》して飲みこみ、現地《げんち》の言葉で「ラムロ（うまい）！」といいました。

明治大学山岳部ＯＢ会《めいじだいがくさんがくぶオービーかい》が計画していたヒマラヤ遠征《えんせい》の偵察隊《ていさつたい》として、ヒマラヤへ行ったときの食事もほぼ同じで、ツァンパ、トウモロコシ、アワ、ジャガイモを毎日食べ続《つづ》けました。ジャガイモがいちばんごちそうだったといいますが、このときは一か月で一〇キロ以上《いじょう》も体重が減《へ》ったそうです。

アマゾン川六〇〇〇キロをイカダで下った六〇日間の主食は、ペルー領《りょう》ではバナナであり、ブラジル領《りょう》に入ってからはマンジョーカ（タロイモ）であり、そしてペルー領《りょう》であれブラジル領《りょう》であれ、糸を垂《た》らせばいくらでも釣《つ》れるピラニアがおかずでした。

ペルー領《りょう》では、ほぼ毎日朝昼晩《あさひるばん》とバナナを食べ続《つづ》けました。バナナといっても日本で食べているような黄色く熟《じゅく》したバナナではなく、もぎたての青いバナナです。皮をむいて水で煮《に》るとジャガイモのようになるので、それをご飯《はん》がわりにして、焼《や》きピラニアや干《ほ》しピラニアといっしょに食べるのです。

青いバナナを焼《や》いて、とうがらしや塩《しお》、油を入れてこねて団子《だんご》のようにして食べたり、輪《わ》切《ぎ》りにしたバナナを油で揚《あ》げて食べたりもしたそうですが、揚《あ》げバナナがとくにお気に入りでした。

マンジョーカはすりおろし、乾燥《かんそう》して粉末《ふんまつ》にしたものをそのままボソボソ食べたり、肉料理《にくりょうり》や魚料理《さかなりょうり》にふりかけて食べるのが一般的《いっぱんてき》で、ブラジル領《りょう》では煮《に》たピラニアとマンジョーカが定食でした。

植村直己《うえむらなおみ》にとって、食事は現地《げんち》の人やその家族といっしょに、同じものを食べるのが楽しかったのです。そして、どこへ行ってもその土地の食べ物をおいしく食べられることを、ありがたいと思っていました。

そうはいっても、何でもかんでも最初《さいしょ》からおいしく食べられたわけではありません。

たとえばエスキモーの集落ではじめてアザラシの生肉を食べたときは、血に染《そ》まった黒っぽい肉片《にくへん》をナイフで切り取って口に入れたとたん、生臭《なまぐさ》さがぷーんと鼻をつき、生肉が舌《した》にふれただけで「胃《い》がたちまち絶対拒否《ぜったいきょひ》の反応《はんのう》を起こした」そうです。胃《い》がけいれんして胃液《いえき》が逆流《ぎゃくりゅう》してきたのです。

それでも歓迎《かんげい》してくれるエスキモーに申《もう》し訳《わけ》ないので吐《は》き出《だ》すわけにもいかず、なんとか飲みこんだそうですが。

ところがその数日後には平気で生肉を食べることができるようになったというのですから、舌《した》と胃袋《いぶくろ》の適応力《てきおうりょく》にはおどろかされるというものです。本人も「自分の身体《からだ》ながら、その適応能力《てきおうのうりょく》に感心してしまった。」と書いています。生肉ばかり食べているうちにすっかり猫舌《ねこじた》になったという笑《わら》い話も残《のこ》っています。

血なまぐさい生肉にも数日で慣《な》れてしまった植村直己《うえむらなおみ》は、北極圏《ほっきょくけん》での冒険中《ぼうけんちゅう》にさまざまな珍味《ちんみ》に出くわしますが、そのどれもが「おいしかった。」と書いています。なかには読んだだけで胃袋《いぶくろ》がけいれんしそうなものもありますが。

以下《いか》、植村直己《うえむらなおみ》の北極《ほっきょく》グルメをあげてみると……。

・キビア（あるいはキビヤック）
別名《べつめい》海鳥のアザラシ漬《づ》け。アザラシの腹《はら》を切りさいて内臓《ないぞう》と肉をすべて取り出したあとに、アパリアスというハトより少し小柄《こがら》な海鳥数十羽を詰《つ》めこんで、アザラシの腹《はら》を縫《ぬ》い合《あ》わせます。これを地面にうめて数か月から数年間放置《ほうち》、熟成《じゅくせい》させます。こうしてできあがった海鳥のアザラシ漬《づ》けがキビアです。エスキモーにとっては誕生日《たんじょうび》やクリスマス、結《けっ》婚式《こんしき》などの席《せき》でよく供《きょう》されるごちそうですが、鼻をつまんでもくさくてたまらないほど強烈《きょうれつ》な臭気《しゅうき》を放つ珍味《ちんみ》です。

アザラシの脂肪《しぼう》で濡《ぬ》れた羽根を一本一本抜《ぬ》いて、赤裸《あかはだか》になったところで肛門《こうもん》に口をあて内臓《ないぞう》を吸《す》い出《だ》す。ついで足をむしり、胴《どう》にしゃぶりつき、最後《さいご》には頭まで食べてしまう。カマンベール・チーズのような強烈《きょうれつ》な臭《にお》いはするが、それぞれの部分に違《ちが》った味

があり、それぞれに美味《おい》しいのだ。（『北極圏《ほっきょくけん》1万2000キロ』山と溪谷社）

・くさりかけたサケの頭や内臓《ないぞう》

夏の時期、サケの干物《ひもの》を作るときに切り落とした頭、取り出した骨《ほね》や内臓《ないぞう》をいっしょに積《つ》みあげておくと、どこからともなくハエが飛《と》んできて、頭などに卵《たまご》を産《う》みつけます。二、三日すると卵《たまご》がかえってウジ虫になります。そのころになると、積《つ》み重《かさ》ねた頭や内臓《ないぞう》からくさったようなにおいがしはじめます。これが食べごろサイン。さすがに最初《さいしょ》は気味が悪くて手が出ませんでした。でも思い切って食べてみるとこれが「うまかった。」といいます。

ウジをこそげ落として、頭の軟骨《なんこつ》とか、それから頬《ほお》とかを食べるんです。肉はもうドロドロになっていて、頭をバラして、骨《ほね》をしゃ

◀グリーンランドのシオラパルク村で

エスキモーの少女といっしょに生肉にかぶりつきます。

ぶるようにして食べる。腐《くさ》りかけですから、ちょっとピリピリと舌《した》を刺《さ》すような感じもしますが、慣《な》れてくるとこれがうまいです。

（『植村直己《うえむらなおみ》と山で一泊《いっぱく》』小学館）

この他にも北極圏《ほっきょくけん》ではさまざまなものを口にしました。シロクマ、クジラ、カリブー、ジャコウウシ、アザラシ、セイウチ、ライチョウ、オヒョウなどなど、北極圏《ほっきょくけん》に住む生きものはほとんどすべて食べたといっていいくらいです。

・シロクマ　焼《や》いた骨付《ほねつ》きのもも肉。においは強いがうまい。煮《に》た肉は牛肉のような赤身で、少しかたいが美味だった。

・クジラの皮　クジラでいちばんおいしいのが皮の部分で、コリコリした食感がくせになる。

・ジャコウウシ　エスキモーの人たちが食べる肉の中ではいちばんおいしい。
・カリブー　狩《か》りで仕留《しと》めたカリブーを解体《かいたい》して取り出した、湯気の出る温かいレバーは、とけかかったチョコレートを食べている感じでなんともいえずおいしい。肉はジャコウウシについでおいしい。
・セイウチの凍《こお》った肝臓《かんぞう》　口に入れるとアイスクリームのようにとける。少し生臭《なまぐさ》いがうまい。
・ライチョウの胃袋《いぶくろ》　生で食べると本当にうまく感じる。
・オヒョウ　生で食べるとヒラメと同じように縁側《えんがわ》のところがおいしいが、白身は味もそっけもない。あまりおいしい魚ではない。

北極《ほっきょく》で食べたものの中で、口にするのがもっともつらかったのが犬の肉でした。

冒険《ぼうけん》旅行の途中《とちゅう》で立《た》ち寄《よ》ったエスキモーの村で、それまでソリをひいていた犬が一頭死にました。

翌朝《よくあさ》、泊《と》めてもらったエスキモーの家の朝食に、その犬の肉を煮《に》こんだ料理《りょうり》が出てきたのです。

エスキモーの奥《おく》さんは「犬の肉はおいしいよ、熱《あつ》いうちに食べなさい。」とすすめてくれるのですが、植村直己《うえむらなおみ》は体中にザワザワと寒気が走り、返事をすることもできずにしばらくかたまってしまいました。犬の肉は以前《いぜん》にも食べたことがあるのですが、苦楽をともにしてきた犬だと思うと、とても食べる気にはなれなかったのです。

しかし、そんな気持ちを説明《せつめい》してもエスキモー夫婦《ふうふ》に理解《りかい》してもらえるとは思えませんでしたし、何よりも自分のために料理《りょうり》をしてくれた好《こう》意《い》を無《む》にすることもできません。

しかたなく、二人が見ている前で、いちばん小さい塊《かたまり》をつかみます。

エスキモーの食べ方にならって、肉を歯にくわえてからナイフを使って口元で切りました。舌《した》の上の肉のかけらは、苦い薬よりもっとひどい味でした。無理《むり》やり飲みこみましたが、それはまるで石ころがのどを通っていくようだったといいます。

冒険中《ぼうけんちゅう》の食生活にふれたついでに、食生活と密接《みっせつ》な関係《かんけい》にあるトイレ事情《じじょう》についてもふれておくことにします。

北極圏《ほっきょくけん》を犬ゾリで走行中のトイレ事情《じじょう》——厳《きび》しい寒さの中で用を足すのが一苦労《ひとくろう》だったということについては先に書きましたが、それよりもずっと苦労《くろう》したのがエスキモーの家におけるトイレ事情《じじょう》でした。

植村直己《うえむらなおみ》がはじめてエスキモーの村を訪《たず》ねた一九七〇年代ごろ、エスキモーの家はたいてい一部屋だけでした。玄関《げんかん》を入ってすぐのところに置《お》いてあるバケツがトイレがわりで、家族も来客も、老若男女《ろうにゃくなんにょ》みな人目をはばからずそのバケツで用を足すのでした。

さすがにこのトイレ事情《じじょう》になれるまでは時間が必要《ひつよう》で、エスキモーの家族が見ている前で小便《しょうべん》も大便《だいべん》もできるようになるまでには半月ほどかかったといいます。

この経験《けいけん》を踏《ふ》まえて、植村直己《うえむらなおみ》は次のように書《か》き残《のこ》しています。


私《わたし》もはじめは彼等《かれら》の排泄習慣《はいせつしゅうかん》になかなかなじめなかった。私《わたし》は「エスキモーと生活をともにする」という以上《いじょう》、食生活を同じにするだけでなく、同じ排泄行為《はいせつこうい》をとることができるという条件《じょうけん》もつけ加《くわ》えなければならないと思っている。（『極北《きょくほく》に駆《か》ける』文藝春秋）

世界中あちこち出かけた先々《さきざき》で現地《げんち》の人と生活をともにし、たがいにうちとけ、仲《なか》よくなる——この環境適応力《かんきょうてきおうりょく》があったからこそ、植村直己《うえむらなおみ》はさまざまな冒険《ぼうけん》を成功《せいこう》させることができたのだ、といってもけっしていいすぎではないでしょう。

たとえば、エスキモーと仲《なか》よくなることで犬の選《えら》び方《かた》やあつかい方、ソリの操縦法《そうじゅうほう》、アザラシやカリブーの猟《りょう》の仕方などを教えてもらうことができました。

エベレストでは山岳民族《さんがくみんぞく》のシェルパ族と食事をともにし、トウモロコシやアワで作った地酒を飲《の》み交《か》わすことでうちとけ、信頼関係《しんらいかんけい》を築《きず》き、ともに力を合わせることで登頂《とうちょう》を成功《せいこう》させることができました。

ケニア山とキリマンジャロ登頂《とうちょう》を目指してアフリカへ渡《わた》る船の中では、もっとも料金《りょうきん》の安い船底《ふなぞこ》の貨物室《かもつしつ》で、黒人の若者たちと寝食《しんしょく》をともにして仲《なか》よくなり、ケニアの公用語であるスワヒリ語を教えてもらいました。ケニアに着いてから登山許可《きょか》を取ったり、ガイド役の現地人《げんちじん》とコミュニケーションを取る際《さい》に、片言《かたこと》のスワヒリ語が役立ちました。

忘《わす》れてならないのは、植村直己《うえむらなおみ》の環境適応力《かんきょうてきおうりょく》の根っこには現地《げんち》の人びとや暮《く》らし、文化を尊重《そんちょう》する気持ちがあるということです。尊重《そんちょう》する気持ちがあるからこそ、現地《げんち》の人びとと仲《なか》よくしよう、現地《げんち》の暮《く》らしにとけこもう、現地《げんち》の文化を大切にしようと心底《しんそこ》思えるし、その思いを素直《すなお》に表現《ひょうげん》することができ、ごく自然《しぜん》に行動することができるのです。だからこそ、現地《げんち》の人たちにも受け入れられるのです。

では、環境適応力《かんきょうてきおうりょく》があれば冒険家《ぼうけんか》になれるのかといえば、その答えは「ノー」です。それは冒険家《ぼうけんか》に求《もと》められる能力《のうりょく》のひとつに過《す》ぎません。何ものをもおそれぬ勇気《ゆうき》も、ずばぬけた体力と運動神経《うんどうしんけい》も、どのような困難《こんなん》にもへこたれない強い精神力《せいしんりょく》も、どれも大事な能力《のうりょく》ですが、それらがすべてそろっていたとしても世界に名を知られるような冒険家《ぼうけんか》になれるわけではありません。

もっとも大切なのは夢《ゆめ》を見る力です。より正しくいうならば夢《ゆめ》を見続《みつづ》ける力です。

ヨーロッパ・アルプスの氷河《ひょうが》を自分の足で踏《ふ》みしめてみたいという夢《ゆめ》があったからこそ、植村直己《うえむらなおみ》は何のあてもないのにアメリカに渡航《とこう》する決心をし、不法滞在《ふほうたいざい》でつかまってしまうものの結果《けっか》オーライでフランスへ行き、モン・ブランの氷河《ひょうが》を踏《ふ》みしめることができたのです。

アフリカ大陸《たいりく》でいちばん高いキリマンジャロに登ってみたい、南米大《たい》陸《りく》でいちばん高いアコンカグアの頂上《ちょうじょう》に立ってみたいという夢《ゆめ》を追《お》い続《つづ》けているうちに、世界ではじめて五大陸《たいりく》の最高峰《さいこうほう》制覇《せいは》という偉業《いぎょう》を成《な》しとげることができたのです。

南極大陸《なんきょくたいりく》を犬ゾリで横断《おうだん》したいという夢《ゆめ》は実現《じつげん》しませんでしたが、その夢《ゆめ》があったからこそ犬ゾリによる北極圏《ほっきょくけん》一万二〇〇〇キロ走破《そうは》、北極《ほっきょく》点到達《てんとうたつ》、グリーンランド縦断《じゅうだん》の大冒険《だいぼうけん》を実現《じつげん》することができたのです。

夢《ゆめ》こそがすべての冒険《ぼうけん》のきっかけであり、冒険《ぼうけん》を実現《じつげん》するための原動力になっているのです。

これは何も植村直己《うえむらなおみ》に限《かぎ》った話でもなければ、冒険家《ぼうけんか》に限《かぎ》った話でもありません。ビジネスの世界でも、学問の世界でも、芸術《げいじゅつ》やスポーツの世界でもまったく同じです。

世界で活躍《かつやく》するビジネスマンも、ノーベル賞《しょう》級の学者や研究者《けんきゅうしゃ》も、芸《げい》術《じゅつ》家《か》やスポーツ選手《せんしゅ》も、みな若《わか》いころに夢《ゆめ》を見て、夢《ゆめ》を追《お》い続《つづ》けて、成《せい》果《か》を上げ、実績《じっせき》を残《のこ》すことで、それぞれの分野で名声を博《はく》したり、富《とみ》を手にしたりすることになるのです。

しかし、冒険家《ぼうけんか》の場合は他の職業《しょくぎょう》とは少しちがうところがあります。たとえばプロ野球の選手《せんしゅ》になることを夢見《ゆめみ》ていた人は、プロの球団《きゅうだん》にスカウトされた瞬間《しゅんかん》に夢《ゆめ》がかないます。それから先は一軍《いちぐん》に上がることを目指して練習にはげみ、より良《よ》い成績《せいせき》を残《のこ》せるようがんばり続《つづ》けます。

ときには成績不振《せいせきふしん》におちいることもあれば、スターティングメンバーからはずされたり、二軍《にぐん》に落とされたりすることもあります。それでもプロの野球選手《せんしゅ》であることに変《か》わりありません。

冒険家《ぼうけんか》の場合はどうでしょうか。夢《ゆめ》がかなってエベレスト登頂《とうちょう》をはたしたら、それは冒険家《ぼうけんか》としての大きな実績《じっせき》であり、輝《かがや》かしい勲章《くんしょう》ですが、エベレスト登頂《とうちょう》に成功《せいこう》し、無事《ぶじ》に帰ってきた瞬間《しゅんかん》に冒険《ぼうけん》は終わってしまい、冒険家《ぼうけんか》は冒険家《ぼうけんか》ではなくなってしまうのです。つねに新しい夢《ゆめ》を追いかけ、新しい夢《ゆめ》の実現《じつげん》に挑《いど》んでいるときが冒険家《ぼうけんか》が冒険家《ぼうけんか》でいられるときなのです。

冒険家《ぼうけんか》として世界に名を馳《は》せた植村直己《うえむらなおみ》は、その意味では夢《ゆめ》を見る力、夢《ゆめ》を見続《みつづ》ける力がとても優《すぐ》れていたということができるのです。

それを物語る文章が、植村直己《うえむらなおみ》の書いた『青春を山に賭《か》けて』の中にくり返し登場します。

たとえば、エベレストの頂上《ちょうじょう》に立ったときは……。

私《わたし》が頂上《ちょうじょう》で決意したことは、五大陸《たいりく》の中でただひとつ、まだ登っていないマッキンリーの単独《たんどく》登山だった。こんどこそ、正式な書《しょ》類《るい》できっと許可《きょか》を得《え》て、登ろう！（『青春を山に賭《か》けて』文藝春秋）

マッキンリーの登頂《とうちょう》に成功《せいこう》し、世界の五大陸《たいりく》の最高峰《さいこうほう》を制覇《せいは》したときは……。

五大陸最高峰《たいりくさいこうほう》の全峰《ぜんぽう》をきわめたのは、私《わたし》が世界ではじめてだ。また、エベレストを除《のぞ》いては全部単独《たんどく》でやりぬいた。

「オレはやったのだ」

そう思うと、信念《しんねん》さえあればなんでもできると自信《じしん》を強めた。そして、マッキンリーの頂《いただ》きに立つと、夢《ゆめ》はさらにふくらんできた。実現《じつげん》はさらに夢《ゆめ》を呼《よ》び、私は登頂《とうちょう》した感激《かんげき》よりも、南極大陸単独《なんきょくたいりくたんどく》横断《おうだん》の夢《ゆめ》が強く高鳴り、自分の本当の人生はこれからはじまるのだと、出発点にたった感じであった。（『青春を山に賭《か》けて』文藝春秋）

夢《ゆめ》があったからこそ、どんなにつらいことでもたえることができたのです。

このように、つねに新たな夢《ゆめ》を追いかけ、夢《ゆめ》に生きてきた植村直己《うえむらなおみ》にとっての最大のピンチ、もっともつらく苦しいのは、山や北極《ほっきょく》で遭難《そうなん》しそうになったり、飢《う》えたり、凍《こご》えそうになったりしたときではなく、夢《ゆめ》を見ることができなくなったときなのです。夢《ゆめ》の実現《じつげん》がかなわなかったときなのです。

たとえばフランスのスキー場でアルバイトをしていたときに全治《ぜんち》一か月のケガを負ってベッドで寝《ね》ていたとき……。

痛《いた》さより、私の望《のぞ》みとしていたつぎのグリーンランド偵察《ていさつ》、南米の最高峰《さいこうほう》アコンカグア行きの来年の目標《もくひょう》はもう達成《たっせい》できないと思わぬわけにはいかなかった。

あきらめムードがただようと、自分という人間がひどくみじめになり、自分の行く手が、無限《むげん》の深海へ沈《しず》んでゆくのを感じた。（『青春を山に賭《か》けて』文藝春秋）

一九八一年、四〇歳《さい》で挑《いど》んだ冬期エベレスト登頂《とうちょう》に失敗《しっぱい》し、四一歳《さい》、四二歳《さい》で挑《いど》んだ南極点到達《なんきょくてんとうたつ》と南極最高峰《なんきょくさいこうほう》ビンソンマシフ登頂《とうちょう》は実現《じつげん》させることができませんでした。

そのときの植村直己《うえむらなおみ》のようすを、いちばん近くでささえ続《つづ》けてきた妻《つま》の公子《きみこ》さんは、「彼の中に穴《あな》があいたように感じた」と書いています。そして、植村直己《うえむらなおみ》はときどきその穴《あな》に入りこんだようになり、それを見るのはつらいことだった、とも記しています。

二年前から準備《じゅんび》していた冬期エベレスト登頂《とうちょう》が、悪天候《あくてんこう》のために断念《だんねん》せざるをえない結果《けっか》となり、人生最後《さいご》の夢《ゆめ》と思い定めていた南極《なんきょく》を舞台《ぶたい》にした大冒険《だいぼうけん》は、実行《じっこう》に移《うつ》すこともできずにこれまた断念《だんねん》せざるをえなかったのですから、植村直己《うえむらなおみ》の胸《むね》にぽっかりあいた穴《あな》の大きさ、深さは想像《そうぞう》もできないというものです。

夢《ゆめ》を見続《みつづ》けて、夢《ゆめ》に生きてきた冒険家《ぼうけんか》にとってこれほどつらいことはありません。

一九八四年二月、植村直己《うえむらなおみ》はマッキンリーに挑《いど》み、二月一二日午後六

FEATHER

時五〇分、みごと世界初《せかいはつ》の冬期単独登頂《とうきたんどくとうちょう》に成功《せいこう》します。

その瞬間《しゅんかん》にも、植村直己《うえむらなおみ》はきっと新たな夢《ゆめ》を見据《みす》えていたに違《ちが》いありません。登山家として、冒険家《ぼうけんか》として、次に挑《いど》むべき夢《ゆめ》を思いえがいていたはずです。

しかし、その夢《ゆめ》は果《は》たすことができませんでした。

冬期単独登頂《たんどくとうちょう》を果《は》たした翌《よく》一三日午前一一時の交信《こうしん》を最後《さいご》に、植村直《うえむらなお》己《み》は消息を絶《た》ったのでした。

▶マッキンリーの氷河《ひょうが》を行く植村直己《うえむらなおみ》

おわりに

滝《たき》田《た》誠一郎《せいいちろう》

植村直己《うえむらなおみ》さんとは一度電話で話をしたことがあります。植村《うえむら》さんが犬ゾリによる北極圏《ほっきょくけん》一万二〇〇〇キロ単独走破《たんどくそうは》を成《な》しとげた直後のことだったと思います。〝ときの人〟だった植村《うえむら》さんに雑誌《ざっし》のインタビューを申しこむために電話をしたのでした。

残念《ざんねん》ながら取材《しゅざい》は実現《じつげん》しませんでしたが、このときの電話でのやりとりは、四〇年近くたった今もよく覚《おぼ》えています。五大陸《たいりく》の最高峰登頂《さいこうほうとうちょう》を成《な》しとげた世界的《せかいてき》に有名な冒険家《ぼうけんか》なのだから「さぞかしお金持ちなのだろう」と勝手に思いこんでいたのですが、電話でのやりとりからはそれがまったく感じられなかったので、そのことが妙《みょう》に引っかかって今も記《き》憶《おく》に残《のこ》っていたのです。

今回この本を書くにあたって、植村《うえむら》さん自身が書いた本、植村《うえむら》さんについて書かれた本を読んでみて、私《わたし》の思いこみがまったく的《まと》はずれだったことを知りました。

植村《うえむら》さんが世界初《せかいはつ》の五大陸最高峰登頂《たいりくさいこうほうとうちょう》に成功《せいこう》したのは一九七〇年、植《うえ》村《むら》さんが二九歳《さい》のときのことですが、世界初《せかいはつ》の偉業《いぎょう》を成《な》しとげたあともしばらくは建築現場《けんちくげんば》のアルバイトなどで生計を立て、わずかな収入《しゅうにゅう》の中で徹底《てってい》した倹約《けんやく》を心がけて遠征費用《えんせいひよう》を捻出《ねんしゅつ》していました。

五大陸最高峰登頂《たいりくさいこうほうとうちょう》の話を中心にまとめた著書《ちょしょ》『青春を山に賭《か》けて』の中に、当時の貧乏話《びんぼうばなし》、倹約生活《けんやくせいかつ》ぶりが描《えが》かれています。フランスのスキー場でアルバイトをしていたときはジャガイモが主食だったとか、若い女の子にダンスに誘《さそ》われてもお金を節約《せつやく》するために断《ことわ》ったとか、黄疸《おうだん》で一か月の入院を余儀《よぎ》なくされたが入院費《にゅういんひ》が払《はら》えなかった等々《とうとう》、貧乏話《びんぼうばなし》をあげたらキリがありません。

北極圏《ほっきょくけん》を舞台《ぶたい》にした犬ゾリによる大冒険《だいぼうけん》の際《さい》には新聞社や出版社《しゅっぱんしゃ》、広告代理店《こうこくだいりてん》などがスポンサーとしてつくようになりましたが、必《かなら》ずしも遠征費《えんせいひ》が十分にあったわけではありませんでした。ソリをひく犬たちに十分な肉を買《か》い与《あた》えることさえできなかったほどですから。北極《ほっきょく》から妻《つま》・公子《きみこ》さんに送った手紙には「お金の件《けん》で君にまで骨身《ほねみ》をけずる思いをさせ申《もう》し訳《わけ》ない。」「お金のことで、俺《おれ》を思いいろいろ東奔西走《とうほんせいそう》して悩《なや》んで申《もう》し訳《わけ》ないと思った。」などとわびる言葉が書かれています。

冒険家《ぼうけんか》としての名声は手に入れたものの、最後《さいご》まで富《とみ》とは縁遠《えんどお》かった植村《うえむら》さんです。にもかかわらず植村《うえむら》さんが次から次へと新たな夢《ゆめ》に挑《いど》んでいったのは、夢《ゆめ》を見て、夢《ゆめ》を追いかけているときだけが植村《うえむら》さんが植《うえ》村《むら》さんらしくいられたからなのではないかと、そう思うわけです。

資《し》料《りょう》

植村直己《うえむらなおみ》

植村直己《うえむらなおみ》をとりまく人びと

植村直己《うえむらなおみ》をささえた家族や、同じころ活動をはじめた世界的《せかいてき》登山家、友人、恩人《おんじん》たちを紹介《しょうかい》します。

植村公子《うえむらきみこ》　一九三七年～

植村直己《うえむらなおみ》の妻《つま》。

植村《うえむら》と公子《きみこ》が結婚《けっこん》したのは一九七四年五月のこと。植村《うえむら》がマッキンリーで消息を絶《た》つのが一九八四年二月だから、二人の結婚《けっこん》生活は一〇年足らずということになる。

植村《うえむら》は年中海外遠征《えんせい》で留守《るす》にしていたので、実際《じっさい》にいっしょに暮《く》らしたのはわずか五、六年だけだが、植村《うえむら》にとって公子《きみこ》は唯一《ゆいいつ》本音で話ができる相手だった。

ラインホルト・メスナー　一九四四年～

イタリア出身の登山家・冒険家《ぼうけんか》。

一九八〇年に、酸素補給《さんそほきゅう》なしでのエベレスト単独登《たんどくとう》頂《ちょう》に世界ではじめて成功《せいこう》するなど、数多くの記録《きろく》を打ちたて、「超人《ちょうじん》」とたたえられている。世界には八〇〇〇メートルをこえる高さの山が一四あるが、そのすべてに登頂《とうちょう》した最初《さいしょ》の登山家でもある。南極《なんきょく》やゴビ砂漠《さばく》を徒歩《とほ》で横断《おうだん》するなど、登山以外《いがい》の活動も多い。彼《かれ》は、もっとも尊敬《そんけい》すべき日本の登山家として、植村直己《うえむらなおみ》の名前をあげている。

小林正尚《こばやしまさなお》

一九四一年～一九六八年

明治大学山岳部《めいじだいがくさんがくぶ》の仲間《なかま》。大学四年の夏、アラスカで氷河《ひょうが》の山を楽しんできたという小林の話があまりにうらやましかったので、植村は一方的《いっぽうてき》にライバル意識《いしき》を燃《も》え立たせる。小林《こばやし》の存在《そんざい》がなかったら、植村《うえむら》は大学を卒業《そつぎょう》とともに外国へ行くことはなかった。

ジャン・ヴュアルネ

一九三三年～

スコーバレー冬季《とうき》オリンピックの男子滑降《かっこう》で、金メダルをとったフランスの名スキーヤー。ヴュアルネが経営《けいえい》するフランスのスキー場でパトロールの仕事にありつくことができ、フランスを拠《きょ》点《てん》に世界各地《かくち》の山々《やまやま》に遠征《えんせい》をくり返したことが、植《うえ》村《むら》の世界初《せかいはつ》の五大陸最高峰登頂《たいりくさいこうほうとうちょう》へとつながった。

エドモン・ドニー

生年等不詳《せいねんとうふしょう》

登山家であり、フランスのスキー場でスキースクールの指導員《しどういん》をしていた人物。植村《うえむら》よりかなり年上だが、登山技術《ぎじゅつ》をあれこれアドバイスしてくれた友人であり、脇目《わきめ》もふらず目標《もくひょう》に向かって突《つ》き進《すす》むよう叱咤激励《しったげきれい》してくれた恩人《おんじん》。アコンカグア単独《たんどく》登山もドニーのアドバイスから生まれたもの。

イヌートソア夫妻《ふさい》

生年等不詳《せいねんとうふしょう》

犬ゾリによる南極横断《なんきょくおうだん》に備《そな》えて、犬ゾリの操作法《そうさほう》を学ぶためにグリーンランドに滞在《たいざい》していたとき、何かと面倒《めんどう》を見てくれたエスキモーの夫婦《ふうふ》。よほど植《うえ》村《むら》が気に入ったようで、夫婦《ふうふ》は「ナオミを養子《ようし》にする」と宣言《せんげん》。以来《いらい》、植村《うえむら》も二人を「アダダ」（お父さん）、「アナナ」（お母さん）と呼《よ》ぶようになる。

植村直己《うえむらなおみ》とゆかりのある場所

五大陸最高峰《たいりくさいこうほう》、アマゾン川、北極《ほっきょく》……。
冒険《ぼうけん》の足あとを見てみましょう。

モルジンヌ
1964-1967 年
スキー場でアルバイト
モン・ブラン
1966 年単独登頂《たんどくとうちょう》
エベレスト
1970 年日本人初登頂《はつとうちょう》
キリマンジャロ
1966 年単独登頂《たんどくとうちょう》
南極《なんきょく》

資料

植村直己《うえむらなおみ》をもっと知ろう

北極《ほっきょく》で使った犬ゾリとテント

植村直己《うえむらなおみ》が北極点単独行《ほっきょくてんたんどくこう》の冒険《ぼうけん》で使った装備《そうび》を見ていきましょう。

▲犬ゾリ

地面に接《せっ》するランナー（側板《そくばん》）と、横にわたした床板《ゆかいた》とは、釘《くぎ》を使わずにひもだけで組み立てられている。そのため、でこぼこの地面を走ったときソリ自体がねじれ、受ける力を分散《ぶんさん》させるので、こわれにくいという。

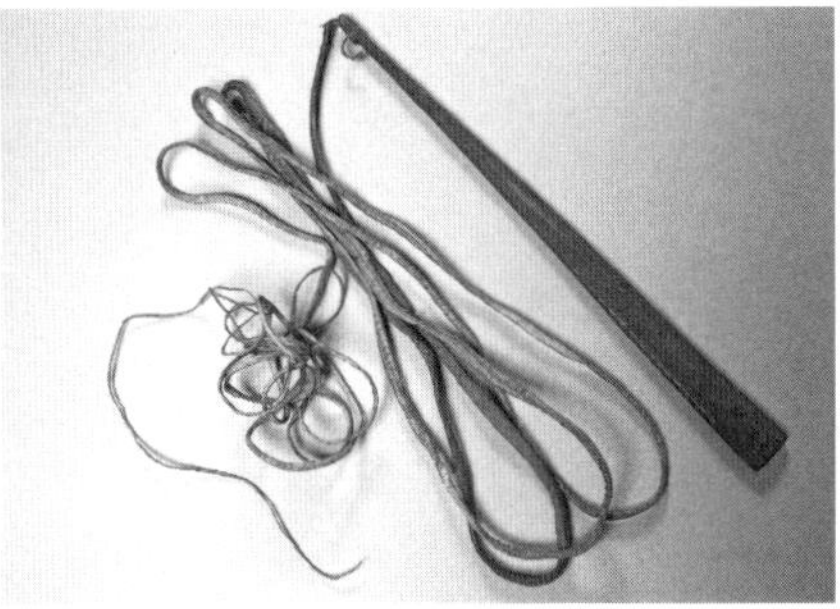

◀犬ゾリ用ムチ

アザラシの皮でできている。

▲テント

骨《ほね》が４本で柄《え》のないかさのような構造《こうぞう》になっている。１分とかからずに組み立てることができる。

これらの道具は、冒険《ぼうけん》にかかせませんでした。

寒さを防《ふせ》ぐ

▲シロクマの毛皮のズボン

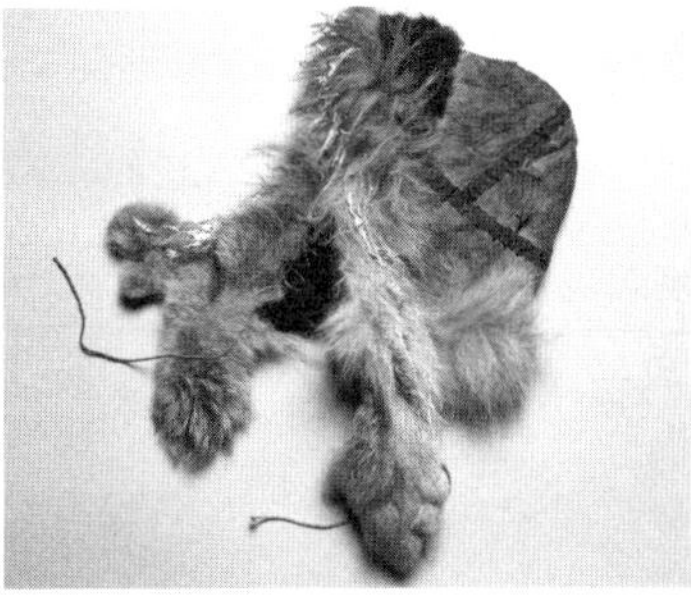

▲シロクマの毛皮のぼうし

▲アザラシの皮の長靴《ながぐつ》

方角や位置《いち》を知る

▲コンパス

方角を知るための道具。

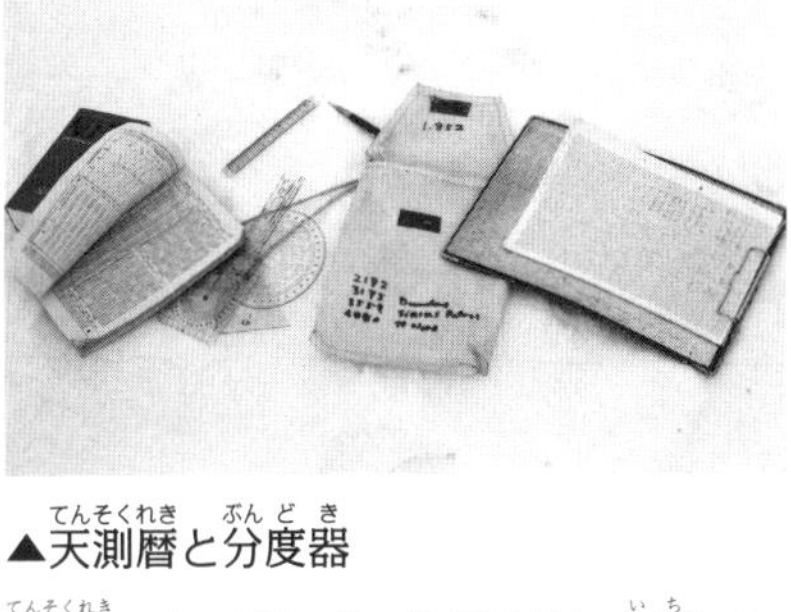

▲天測暦《てんそくれき》と分度器《ぶんどき》

天測暦《てんそくれき》には、太陽や月、星が毎日どの位置《いち》にあるかが書かれている。六分儀《ろくぶんぎ》と組み合わせて、自分のいる位置《いち》を知ることができる。

▲六分儀《ろくぶんぎ》

天体の正確《せいかく》な高度を測《はか》るための小型《こがた》の器具《きぐ》。円の六分の一の形をしていることから、この名がついた。

植村直己《うえむらなおみ》の人生と、生きた時代

植村直己《うえむらなおみ》の人生におきた出来事を見ていきましょう。
どんな時代、どんな社会を生きたのでしょうか。

時代	西暦	年齢	植村直己の出来事	世の中の出来事
昭和	一九四一	〇歳	兵庫県城崎郡国府村《ひょうごけんきのさきぐんこくふむら》（現豊岡市《げんとよおかし》）で生まれる	太平洋戦争《せんそう》が始まる
	一九四七	六歳	府中《ふちゅう》小学校に入学	アメリカとソ連《れん》の対立が深まる
	一九五三	一二歳	府中《ふちゅう》中学校に入学	
	一九五六	一五歳	兵庫県立豊岡《ひょうごけんりつとよおか》高等学校に入学	日本が国際連合《こくさいれんごう》に加盟《かめい》する
	一九五九	一八歳	高校を卒業《そつぎょう》し就職《しゅうしょく》	
	一九六〇	一九歳	明治《めいじ》大学農学部に入学し、山岳部《さんがくぶ》へ入部	
	一九六三	二二歳	山岳部《さんがくぶ》サブリーダーになる	ケネディ暗殺《あんさつ》

昭和

年	年齢	できごと	社会のできごと
一九六四	二三歳	五月 横浜《よこはま》から渡米《とべい》しロサンゼルスに向かう 一〇月 アメリカ国外退去《たいきょ》を命じられフランスへ 一一月 フランスのスキー場でアルバイトを始める	オリンピック東京《とうきょう》大会
一九六五	二四歳	明治《めいじ》大学ゴジュンバ・カン遠征隊《えんせいたい》に参加《さんか》し初登頂《はつとうちょう》	ベトナム戦争《せんそう》が激《はげ》しくなる
一九六六	二五歳	七月 ヨーロッパ最高峰《さいこうほう》モン・ブラン単独登頂《たんどくとうちょう》 一〇月 アフリカ最高峰《さいこうほう》キリマンジャロ単独登頂《たんどくとうちょう》	
一九六八	二七歳	二月 南米最高峰《さいこうほう》アコンカグア単独登頂《たんどくとうちょう》 四月〜六月 アマゾン川六〇〇〇キロをイカダで下る 一〇月 四年五か月ぶりに帰国	三億《おく》円事件《じけん》発生
一九七〇	二九歳	五月 日本人としてはじめてエベレストの頂上《ちょうじょう》に立つ 八月 北米最高峰《さいこうほう》マッキンリー単独登頂《たんどくとうちょう》、世界《せかい》初《はつ》の五大陸最高峰登頂者《たいりくさいこうほうとうちょうしゃ》となる 一二月 山学同志会《どうしかい》のグランド・ジョラス北壁隊《ほくへきたい》に参加《さんか》	大阪万博《おおさかばんぱく》

時代	西暦	年齢	植村直己の出来事	世の中の出来事
昭和	一九七一	三〇歳	はじめての著書《ちょしょ》『青春を山に賭《か》けて』を出版《しゅっぱん》 八月～一〇月 日本列島三〇〇〇キロを徒歩《とほ》で縦断《じゅうだん》	
	一九七二	三一歳	一月 南極《なんきょく》アルゼンチン・ベルグラーノ基地周辺《きちしゅうへん》を視察《しさつ》 九月 グリーンランドでエスキモーと暮《く》らす	オリンピック札幌《さっぽろ》大会 沖縄《おきなわ》が日本に復帰《ふっき》する
	一九七三	三二歳	二～四月 犬ゾリの試験《しけん》走行三〇〇〇キロの旅に成功《せいこう》	オイルショック
	一九七四	三三歳	五月 野崎公子《のざききみこ》と結婚《けっこん》 一二月 北極圏《ほっきょくけん》一万二〇〇〇キロ走破《そうは》の旅スタート	
	一九七五	三四歳	四月 スミス海峡《かいきょう》を渡《わた》ってカナダ領《りょう》へ 六月 ケンブリッジベイで夏を越《こ》す	
	一九七六	三五歳	五月 北極圏《ほっきょくけん》一万二〇〇〇キロの旅の最終目的地《さいしゅうもくてきち》コツビューに到着《とうちゃく》	ロッキード事件《じけん》

昭和

年	年齢	できごと	社会のできごと
一九七八	三七歳	四月 世界初《せかいはつ》の犬ゾリ単独行《たんどくこう》での北極点到達《ほっきょくてんとうたつ》 五〜八月 犬ゾリでグリーンランド縦断《じゅうだん》	日中平和友好条約《へいわゆうこうじょうやく》が結《むす》ばれる
一九七九	三八歳	二月 イギリスのバーラー・イン・スポーツ賞受賞《しょうじゅしょう》	
一九八〇	三九歳	七月 冬期エベレスト挑戦《ちょうせん》の訓練《くんれん》でアコンカグア遠征《えんせい》 一〇月 日本冬期エベレスト登山隊長《たいちょう》として日本出発	
一九八一	四〇歳	一月 悪天候《あくてんこう》のため冬期エベレスト登頂断念《とうちょうだんねん》	
一九八二	四一歳	一月 南極点到達《なんきょくてんとうたつ》と最高峰登頂《さいこうほうとうちょう》のため南極《なんきょく》へ	東北新幹線《とうほくしんかんせん》開業
一九八三	四二歳	三月 南極越冬《なんきょくえっとう》生活を終えて帰国 一〇月 アメリカの野外学校に参加	
一九八四	四三歳	二月一二日 マッキンリー冬期単独登頂《たんどくとうちょう》に成功《せいこう》 二月一三日 この日の交信《こうしん》を最後《さいご》に消息を絶《た》つ 四月 国民栄誉賞受賞《こくみんえいよしょうじゅしょう》	

記念館《きねんかん》へ行こう

植村直己《うえむらなおみ》のふるさと兵庫県豊岡市《ひょうごけんとよおかし》と、一五年間暮《く》らした東京都板橋区《とうきょうといたばしく》には、それぞれ記念館《きねんかん》があります。

●植村直己冒険館《うえむらなおみぼうけんかん》

植村直己《うえむらなおみ》の冒険《ぼうけん》の装備品《そうびひん》や、記録写真《きろくしゃしん》などを展示《てんじ》している。植村《うえむら》が撮影《さつえい》した北極圏《ほっきょくけん》の大型映像《おおがたえいぞう》に向かって氷原を駆《か》けぬける、犬ゾリ疑似体験《ぎじたいけん》ができる。

〒669-5391 兵庫県豊岡市日高町伊府785
TEL 0796-44-1515　FAX 0796-44-1514
http://www3.city.toyooka.lg.jp/boukenkan/

●植村冒険館《うえむらぼうけんかん》

植村直己《うえむらなおみ》の冒険《ぼうけん》を紹介《しょうかい》する企画展示《きかくてんじ》を、年四回テーマを変《か》えて行っている。一階の「冒険図書館《ぼうけんとしょかん》」には、冒険《ぼうけん》・登山・アウトドアについての本が約《やく》五〇〇〇冊《さつ》ある。

〒174-0046 東京都板橋区蓮根2-21-5
TEL 03-3969-7421　FAX 03-5994-4916
http://www.uemura-museum-tokyo.jp/

資料提供・協力

株式会社文藝春秋（表紙、とびら、p.13、p.21、p.45、p.55、p.60、p.71、p.85、p.97、p.109、p.124、p.129、p.134 中・下、p.135）

植村直己冒険館（p.134 上、p.140 上）

植村冒険館（p.140 下）

参考資料

『青春を山に賭けて』（植村直己・文藝春秋）

『極北に駆ける』（植村直己・文藝春秋）

『北極圏１万 2000 キロ』（植村直己・山と溪谷社）

『植村直己　妻への手紙』（植村直己・文藝春秋）

『植村直己と山で一泊』（ビーパル編集部編・小学館）

『植村直己・夢の軌跡』（湯川豊・文藝春秋）

『ＮＨＫテレビテキストこだわり人物伝』（日本放送協会編・ＮＨＫ出版）

『グレートマザー物語』（テレビ朝日編・三推社）

著者紹介

作者

滝田　誠一郎（たきた　せいいちろう）

ノンフィクション作家・ジャーナリスト。1955年東京生まれ。青山学院大学卒。『孫正義インターネット財閥経営』（実業之日本社）、『長靴を履いた開高健』『開高健名言辞典〈漂えど沈まず〉』『「消せるボールペン」30年の開発物語』（ともに小学館）、『ビッグコミック創刊物語』（プレジデント社）などのノンフィクション作品の他、『人事制度イノベーション』（講談社）、『65歳定年時代に伸びる会社』（朝日新聞出版）、『300年企業目指すソフトバンクの組織・人事戦略』（労務行政）など著書多数。

企画・編集

野上　暁（のがみ　あきら）

日本ペンクラブ常務理事、「子どもの本」委員長、東京純心大学こども文化学科客員教授。

編集協力　奥山　修
装丁　白水あかね

伝記を読もう　6

植村直己
極限に挑んだ冒険家

2016年 3 月　初　版
2024年 7 月　第 7 刷

作　者　滝田誠一郎
発行者　岡本光晴
発行所　株式会社 あかね書房
〒101-0065　東京都千代田区西神田 3-2-1
電話　03-3263-0641（営業）　03-3263-0644（編集）
http://www.akaneshobo.co.jp
印刷所　図書印刷 株式会社
製本所　株式会社 難波製本

NDC289　144p　22cm　ISBN 978-4-251-04606-2

伝記を読もう

人生っておもしろい！
さまざまな分野で活躍《かつやく》した人たちの、
生き方、夢《ゆめ》、努力《どりょく》…… 知ってる？

❶ **坂本《さかもと》龍馬《りょうま》**
世界を夢《ゆめ》見た幕末《ばくまつ》のヒーロー

❷ **豊田《とよだ》喜一郎《きいちろう》**
自動車づくりにかけた情熱《じょうねつ》

❸ **やなせたかし**
愛《あい》と勇気《ゆうき》を子どもたちに

❹ **伊能《いのう》忠敬《ただたか》**
歩いて作った初《はじ》めての日本地図

❺ **田中《たなか》正造《しょうぞう》**
日本初《はつ》の公害《こうがい》問題に立ち向かう

❻ **植村《うえむら》直己《なおみ》**
極限《きょくげん》に挑《いど》んだ冒険家《ぼうけんか》

❼ **荻野《おぎの》吟子《ぎんこ》**
日本で初《はじ》めての女性医師《じょせいいし》

❽ **まど・みちお**
みんなが歌った童謡《どうよう》の作者

❾ **葛飾《かつしか》北斎《ほくさい》**
世界を驚《おどろ》かせた浮世絵師《うきよえし》

❿ **いわさきちひろ**
子どもの幸せと平和を絵にこめて

⓫ **岡本《おかもと》太郎《たろう》**
芸術《げいじゅつ》という生き方

⓬ **松尾《まつお》芭蕉《ばしょう》**
俳句《はいく》の世界をひらく

⓭ **石井《いしい》桃子《ももこ》**
子どもたちに本を読む喜《よろこ》びを

⓮ **円谷《つぶらや》英二《えいじ》**
怪獣《かいじゅう》やヒーローを生んだ映画監督《えいがかんとく》

⓯ **平賀《ひらが》源内《げんない》**
江戸《えど》の天才アイデアマン

⓰ **椋《むく》　鳩十《はとじゅう》**
生きるすばらしさを動物物語《どうぶつものがたり》に

⓱ **ジョン万次郎《まんじろう》**
海をわたった開国の風雲児《ふううんじ》

⓲ **南方《みなかた》熊楠《くまぐす》**
森羅万象《しんらばんしょう》の探究者《たんきゅうしゃ》

⓳ **手塚《てづか》治虫《おさむ》**
まんがとアニメでガラスの地球《ちきゅう》を救《すく》え

⓴ **渋沢《しぶさわ》栄一《えいいち》**
近代日本の経済《けいざい》を築《きず》いた情熱《じょうねつ》の人

㉑ **津田《つだ》梅子《うめこ》**
日本の女性《じょせい》に教育で夢《ゆめ》と自信を

㉒ **北里《きたざと》柴三郎《しばさぶろう》**
伝染病《でんせんびょう》とたたかった不屈《ふくつ》の細菌《さいきん》学者

㉓ **前島《まえじま》　密《ひそか》**
郵便《ゆうびん》で日本の人びとをつなぐ

㉔ **かこさとし**
遊びと絵本で子どもの未来を

㉕ **阿波根《あはごん》昌鴻《しょうこう》**
土地と命を守り沖縄から平和を

㉖ **福沢《ふくざわ》諭吉《ゆきち》**
自由と平等を教えた思想家

㉗ **新美《にいみ》南吉《なんきち》**
愛《あい》と悲しみをえがいた童話作家

㉘ **中村《なかむら》　哲《てつ》**
命の水で砂漠《さばく》を緑にかえた医師《いし》

㉙ **牧野《まきの》富太郎《とみたろう》**
植物研究ひとすじに

㉚ **丸木《まるき》　俊《とし》**
「原爆《げんばく》の図」を描《えが》き世界に戦争《せんそう》を伝《つた》える